「教える技術」の鍛え方

人も自分も成長できる

樋口裕一

筑摩書房

目次

第2部　多数の人を教える場合、気をつけること　151

第2章　クラスをコントロールするにはどうしたらいいのか　164

第3章　教えるスタイルを決める　178

第4章　具体的な講義の進め方　186

本書は二〇〇九年四月、筑摩書房より刊行された。

「教える技術」の鍛え方　人も自分も成長できる

本文デザイン　小林祐司（TYPE FACE）
本文イラスト　草田みかん

強制から自立へ促す、教えるテクニック

他人に教える機会というのは、意外に多いものだ。誰でも必ず何らかの形で人に教えることが、毎日の生活の中にあるはずだ。

たとえば、一人の後輩に仕事内容を教えることもあるだろう。数人を相手に研修を行うこともあるだろう。取引先の担当者の人柄を、前もって後輩に教えておく場合もあろう。パソコンなどの電子機器の使い方を、同僚や友人に教える場合もあるかもしれない。あるいはもっと本格的に数十人、数百人を相手に授業を行う人もいるだろう。身近なところでは、自宅への道を教えたり、共通の知人の人柄について教えることもあるだろう。自分の子どもに学校の勉強を教えることも、多くの親が経験するに違いない。

そして、実は、教え方がうまいか下手かによって、周囲の信頼を勝ち得たり、失ったり、上手に後輩に教えて円滑に物事を進めたり、あるいは逆に教えられた人を混乱させたりしているに違いない。教え方がうまければ、相手はすぐさま新しいことをマ

スタートして、物事がスムーズに運ぶ。下手な教え方をしたために、部下が大きな勘違いをして大損失を出してしまうこともある。自分の子どもを教える場合には、上手に教えたことで、子どもが急速に学力を伸ばすかもしれない。

ところが、実際には何かを教えるというのは、かなり難しいものだ。説明が下手なために、相手がなかなかわかってくれないこともある。よい説明をしているのに、相手のプライドを傷つけてしまって、相手が学ぶ気持ちをなくしてしまうことがある。それどころか、時には相手が反抗的になってしまうこともあるだろう。

社会人の中には、どう教えてよいのかわからずに頭をかかえている人も多いのではなかろうか。教えることを放棄している人もいるかもしれない。

私は二〇代のころから家庭教師や塾のアルバイトで英語や国語を教えてきた。その後、大学の語学講師も経験した。予備校では本格的に小論文の指導をした。四〇歳ころからは通信添削を通して小学生から社会人までの文章指導も行っている。また、近年は、小中高の先生方、時には大学の先生を対象にして研修を行うことも多い。二〇歳のころから、様々な人たちを対象に教える仕事に携わってきたといえるだろう。

最初に塾で大人数を対象に英語を教えた時、五〇人ほどいた生徒がみるみる減って、五回目には五人ほどになって、自らやめざるを得ない事態に陥った。今から思うに、本書の中で悪い例として示した教え方を次々と繰り出していた。

その後私は、どうすればおもしろい授業にできるか、日々、工夫を重ねた。その結果、四〇代には、私は予備校のカリスマ講師として日本中に知られる存在になっていた。

私は、教えるということは、一言で言えば、教える側の押し付けによって学ぶ側の独立を促すという矛盾した行為だと思って

いる。

教えるからには、相手に対して何らかの強制をしないわけにはいかない。相手の自由に任せていると、相手は知識を吸収しようとしない。宿題を出し、一定の指導に反する相手を叱る必要がある。そうしないと、相手は努力せず、自分で考えるための基礎力を養うことができない。

だが、かといってずっと強制していたのでは、学ぶ側は自分で考えようとせず、いつまでも他人の考えを鵜呑みにしようとして自立できない。

教えるからには、学ぶ側が独立することをめざし、自分で考えることができるようになるために強制しなければならない。その強制と自立との兼ね合いこそが、教えるテクニックのすべてと言っていいだろう。

ところが、それがなかなか難しい。教える相手によっても、教える内容によっても、一律ではない。コミュニケーション力を用いて、相手の一人ひとりの気持ちや理解度をその表情や態度から察し、説明の仕方を変えながら徐々に難しいことを教えていかなければならない。そして、プライドを保ったり、時にはあえて傷つけたりして、学びたい気持ちを高める必要がある。そうしながら、だんだんと習いたいという気持ちを起こさせ、徐々に自分で考えるように促さなければならない。

本書には、私が三〇年以上にわたって教え方に工夫をしてきたノウハウのすべてをつぎ込んだ。単にわかりやすい説明の仕方だけでなく、教える時の心構えや教える相手への接し方、生徒が退屈している時の冗談の言い方を含めて、できるだけ具体的に解説したつもりだ。

様々な立場で人に教える機会のある人に、本書が何らかのヒントになってくれれば、こんな嬉しいことはない。

第1部

少数の人に対する効果的な教え方とは

一人、あるいは六、七人までを教える時と、それ以上、とりわけ三〇人以上を教える時とでは、教え方そのものがかなり異なると私は考えている。少人数なら、個人指導の延長と考えてよい。わからない人がいれば、その人につきっきりで教えることができる。一人ひとりに語りかけることができる。一人ひとりの個性を把握して、その人がわかるように教えることができる。

ところが、大人数になると、それはできない。心の掌握の仕方、焦点の当て方、わからない人がいる場合の対処の仕方などに大きな違いがある。そのため、大人数が相手なのに少人数の時と同じような教え方をしていたら、おそらく生徒のほとんどはついてこなくなる。結局、うまく教えることができなくなるだろう。

もちろん、わかりやすい説明法そのものは、少人数だろうと大人数だろうと基本的には変わりはない。それゆえ、いきなり大勢の前で教えるのではなく、最初は少人数に対する教え方を学び、それができるようになってから、集団を教える術を身につけるのが望ましい。

それゆえ、本書では、まずは、一人または少数の人に対する時の教え方について、詳しく説明することにする。そして、そのあとに、多数の人に対する時の方法を詳述する。

会社の後輩などに仕事や物事の仕組みを教える、自分の子どもに勉強を教える、初心者数人に物事を説明する……そのような時に、以下の方法を用いて教えると効果的だ。

なお、教える場合には様々な状況が考えられるが、便宜上、たとえ会社内の出来事であっても、家庭内の出来事であっても、教える人間を「先生」あるいは「教師」、教えられる人間を「生徒」と呼ぶことにする。

第1章 少数の人を教える時の心がまえ

以下に、少数の人を教える時の様々な心がまえをまずあげていき、それぞれについて、後ほど詳しく説明する。

(1)学ぶ側に過大な期待をしないこと

教えるのに失敗する最大の理由、それは生徒(学ぶ側)の能力を読み違えることだ。思いのほか生徒の飲み込みがよく、教えるレベルが低すぎて、後になって生徒からクレームがつくこともある。逆に、とても優秀な生徒のつもりで教えていたら、まったく理解していないことに事後になって気づいて愕然とすることもある。が、私自身の経験に照らし合わせて言えば、概して後者のほうが圧倒的に多い。

私は、学生時代の一時期、小さな個別塾で教えていたことがある。中学三年生の女子生徒三人組に英語を教えていた。「こう言えば、かつての自分と同じように、生徒たちも英語を好きになるだろう」「こう説明すれば、自分がそうだったように、生徒は難しいはずの文法を即座に理解するだろう」と思って、説明を繰り返した。だが、生徒たちは耳を傾けようとしない。学校指定の教科書を私に訳してくれと言い、訳文だけ熱心にノートをとるばかり。私はそれでも文法的説明を繰り返した。だが、二カ月ほどで「あの先生の説明はわかりにくいので、ほかの先生に替えてほしい」と塾長に直訴された。

教える側にいる人間は、もともとその方面を得意にしていた人だろう。英語の教師のほとんどは、中学生のころから英語を得意にしていただろう。国語の先生のほとんどは、子どものころから本を読むのが好きだっただろう。そして、おそらくそのような人は教師になりたてのころは、生徒を自分と同じようなレベルだと思い込む。少なくとも、きっかけさえ与えれば、全員が自分と同じレベルになれると考えている。

だが、それが思い込みでしかなかったことに気づく。**そのような説明で理解してく**

れるのは、ごく一部の優秀な生徒に過ぎず、それ以外の人はむしろそのような説明によって英語が嫌いになったり、理解できなくなったりするものなのだ。

しかも、人間というもの、自分が駆け出しだったころのことは忘れがちだ。つい昔から自分ができていたような錯覚に陥る。そして、時に「このごろの若いやつは、俺たちのころと違って、まったく出来が悪い」と言い出したくなる。

もちろん、自分がそれを習った時の感動、驚きを忘れず、教える時にもうまく使うことは大事だ。だが、「自分は優秀なほうだったんだ、もっと生徒たちはできなくても当然だ」ということを頭に入れておく必要がある。

(2)教える側は絶対になめられてはいけない存在である

「なめられてはいけない」などというと、まるで喧嘩のようで、拒否反応を起こす人も多いかもしれない。「教える立場の人間は、なめられないなどといった卑しいことを考えるべきではない」と思っている人も多いことだろう。だが、**なめられないということは教える人間にとって実はもっとも大事なことだ。**なめられると、たとえ的確なことを教えていても、聞いてくれない。そっぽを向かれたり、反抗されたりする。もちろん、高い地位の人間が低い地位の人間に教えるのであれば、相手はそれなりの敬意をもって聞いてくれるだろう。だが、そのような地位の差がない場合、とりわけ何かの事情で下位の者が上位の者に情報を教える場合、相手に話を聞こうという姿勢がない時もある。そのような時、特になめられてしまったら、教えている内容に疑念を挟まれ、きちんと理解してもらえない。

なめられるかなめられないかは、最初に決まることが多い。初めになめられてしまうと、信頼を取り戻すのに苦労することがある。最初が肝心だ。

(3)モティベーションを持たせる

教えることで最も難しいのは、生徒にモティベーションを持たせることだ。教えてほしくないと思っている人間に教えても、砂に水をかけるようなもので、なかなか理解してくれない。逆に、知識欲にあふれている人間には、ほんの少し説明するだけで自分から考えて、先に進んでいく。

何かを学ぶのに最も大事なのは、やる気だ。何はともあれ、やる気を与える必要がある。そうしてこそ、学ぶ意欲が生まれ、頭が活気づく。そして、自ら知識を得ようとする。生徒ができるだけ強いモティベーションを持ち、自ら進んで知識を得ようとするように心がけなければならない。

私の知る予備校講師にモティベーションを持たせる名人がいた。生徒をなだめたりすかしたり叱りつけたりして、やる気を出させる。

その講師の得意技は聞くところによると、最初に厳しく叱って、後で懐柔する方法らしい。最初に生徒にあてて質問し、その答えが曖昧だと激しく叱る。女子生徒だったら泣き出すくらいに怒鳴りつけるという。教室は静まり返る。そこで、講師はなだめにかかる。およそ以下のようになだめるらしい。なお、この名人講師は関西出身なので、関西弁でしゃべる。そのおつもりで、お読みいただきたい。

「あんただけが、できないんじゃない。ほかの人もおんなじや。後ろでぼけっと聞いとる奴らも、きっとおんなじようにできんやろう。つい、あんただけ怒ってしもうて、悪かった。あやまる。ほかの人も、よう聞いとけよ。今はみんな、こんなもんもできんレベルや。そやけど、やる気さえだせば、一年で、どこの大学でも合格するレベルになる。去年も、今のあんたらとちっとも変わらんレベルやった。それが一年でどうや。東大に何人も合格した。志望校に合格するかどうかは、これから性根を入れて勉強するかどうかや……」

生徒たちは、講師のこの言葉ですっかり信頼し、その講師を慕い、勉強に励むようになるという。一種の神業だと思う。もちろん、このようなことを一度だけでなく、授業のたびに繰り返して、モティベーションを上げていくわけだ。

聞くところによると、その講師よりも科目の実力において勝る講師は何人もいたと言う。だが人気では誰もかなわなかった。そして、その講師に習うと、多くの生徒がやる気を出し、勉強を始めた。そんな生徒たちのほとんどが成績を伸ばしていった。

誰にでもまねができることではないが、そのような教師も最高の教師といえるだろう。

(4)相手のタイプに応じた説明をする

少人数に教える場合の最大の留意点は、一人ひとりの生徒のタイプに応じた説明を

することだ。

理解の仕方は人によって異なる。後で詳しく説明するが、体系的にすべてを理解しないと気が済まない人と、体系は気にならず必要なことだけを身につけようとする人の二種類がいる。しかも、飲み込みの早い人間とそうでない人間がいる。相手の理解の仕方の傾向に応じて説明する必要がある。

これまでの経験で、ある人間にわかりやすい説明ができたからといって、それが別の人に通用するとは限らない。一律の説明の仕方を身につけるのではなく、相手が理解してくれているかどうかを常に意識しながら、それぞれのタイプに応じた工夫をして説明する必要がある。

(5)相手が興味を覚えてくれるようなおもしろさは必要

うまく教えるためには、話におもしろさが必要だ。おもしろくなければ、相手は耳を傾けてくれない。

教えようとしていることになんらの興味もないと、相手は耳を傾けようとせず、それが大事なことであるという認識も持たない。上の空になり、情報は相手の頭の中を通り過ぎていく。

もちろん、おもしろいと言っても、笑い転げるようなものである必要はない。相手に笑ってもらえるように冗談を言ったり、しゃれを言ったりするのも悪くはないが、必ずしもそうする必要はない。**様々なタイプのおもしろさがある。相手が興味を覚え、身を乗り出して聞いてくれるように工夫すればよい。**

(6)わかりやすく説明するとは、どういうことか

当然のことだが、わかりやすい説明を心がける必要がある。

メリハリなく、まるで百科事典のように教えても、なかなか生徒はわかってくれない。大事なところをしっかりと示し、場合によっては二次的なところは省くなどの工夫が必要だ。また、抽象と具体を適宜使い分ける必要もある。

たとえば、道を教える時も、丁寧に何から何まで説明しても、生徒は頭の中にイメージを作り出せなくなってしまう。

生徒の顔を見て、相手がわかってくれているかどうかを確かめながら、できるだけ、頭に入りやすい説明を心がけなければならない。

(7)たくさんのことを教えれば教えるほど、身につくことは少なくなる

一般にたくさんのことを教えれば、それだけたくさんのことが身につくと考えられている。だが、それは大きな間違いだ。少し大袈裟に言えば、むしろ、たくさんのことを教えれば教えるほど、身につくことは少なくなる。たくさんのことを教えると、どうしても消化不良を起こし、結局、何も身につかなくなる。

したがって、**教える人間は、教える内容を盛りだくさんにするのでなく、できるだけしぼって繰り返し説明するほうが、相手はしっかりと理解できる。**盛りだくさんにすると、生徒はわからない部分が増えるだけになる。しっかり理解できている部分さえも怪しくなる。どれが大事で、どれが二次的かもあやふやになる。結局、生徒の力がつかない。

それよりも、焦点をしぼって大事なことを繰り返し教え、しっかりと身につけさせる。そうすると基礎力がついて、先生が教えなかったことも生徒が自分で理解できるようになる。

したがって、先生としては、まず大事なことと二次的なことをはっきりと分ける必要がある。そして、次に絶対に教えなければならないことの定着を図るべきだ。それが定着できたら、先に進んで応用編に入る。

また、相手が何か疑問を持つ前に教えるのも好ましいことではない。満腹になってしまって、生徒は知的好奇心を抱かない。むしろ、できるだけ相手に疑問を持たせ、質問させ、その上で教えると頭に入ること

がある。そして、時にはヒントを出すだけにとどめる必要がある。

予備校で人気があるのは、「これも大事だ。あれも大事だ。すべて覚えろ」という講師ではない。**大事な点を押さえた上で、「ほかは捨てて、これだけを覚えればいい」と言い切る講師だ。そして、事実、このように教える講師のほうが間違いなく生徒の力を伸ばす。**そして、そのようにして基礎を身につけた生徒は、その後、自分でしっかりと考えるようになる。

(8)学ぶ側をどう納得させるか

人間というもの、何らかの形で納得しなければ、知識を身につけることができない。なぜそのようなことをするのか、それにどんな意味があるのかなどについて納得できてこそ、本当の意味で理解できる。

その納得の仕方は人によって異なる。体系を理解しなければ納得できない人、自分で実行しないと納得できない人などさまざまだ。それを踏まえたうえで、単に頭ごなしに教えるのではなく、納得させるように工夫しなければならない。

(9) 個人的感情を持ち込まない

生徒と仲良くするのがよい教師だと思っている人が多い。事実、少人数で教えていると、個人的な感情が入り込むことがある。先生と生徒が仲良くなって個人的に交際するようになる。だが、私は、それはできるだけ避けたほうがよいと考えている。

先生と生徒が異性であったりすると、問題が厄介になるが、私が言いたいのは、そのようなことではない。たとえ、同性であろうと、年齢差があろうと、あるいは親が子どもに教える場合だろうと、少なくとも、教えている時間においては、できるだけ個人的な感情を交えるべきではないと私は考える。

先生は生徒を、あくまでも生徒として遇するべきだ。個人的に好きになるということは、嫌いになるかもしれないということだ。生徒を感情的に好きになったり嫌いになったりするべきではない。

教師という職業であれ、たまたま一時的に後輩に何かを教えるような状況になっただけにせよ、**教えるからには、生徒の力を伸ばすことに力を注ぎ、生徒として愛情を**

持つべきだ。

感情を認めてしまうと、「あいつは生意気だから、教えたくない」「可愛いから、もっと丁寧に教えよう」という意識を持ってしまう。また、「好き」という個人的感情を持つと、甘えが出たり、厳しく接することができなくなったりする。生徒の側で勝手に先生を個人的に好きになって勉強に励むのはかまわない。だが、先生はそれに対して対応するべきではない。

個人的感情を持ち込まないというのはなかなか難しいことではあるが、個人的な感情が芽生えたら、それを抑えるように言い聞かせる必要がある。

(10)学ぶ側に予習・復習は期待しない

生徒の予習・復習を義務にする教師がいる。もちろん、予習・復習を課してうまくいく生徒であれば、それでよい。だが、私自身が学生だった時のことを含めて、それがうまく機能するとは思えない。

恥ずかしながら、私自身、授業で教わったことが理解できずに焦って復習した記憶はあるが、予習はほとんどしなかったように思う。私はかなり怠惰な生徒・学生だったが、成績はそれほど悪かったわけではない。その私でもそうだったのだから、世の中全体には予習・復習をしていない人間のほうが圧倒的に多いのではなかろうか。

できもしないことを課すよりは、生徒は予習も復習もしないものだという前提で教えるほうがよいと私は考えている。しかも、予習しているものとして教えると、ますます予習している人としていない人の差が広がることになりかねない。

そもそも、教える立場で言うと、私は生徒が予習しているとむしろ教えにくいと考えている。私は目新しいことを教えて生徒を驚かせたいと思っている。新鮮な驚きを覚えさせたいと思っている。それなのに、すでにそれを知っている生徒がいると、新鮮さが薄れる。できれば、すべての生徒がうぶな気持ちで授業を受けてほしい。

授業だけで予習も復習もしないで、すべての生徒がきちんと理解し、知識を定着させるのが理想だ。もちろん、現実にはそれは難しいので、生徒が自分で足りないと感じる分は復習で補ってほしいとは思う。だが、**授業内にできるだけ生徒に覚えさせ、予習も復習もしなくてよいように、より正確に言うと、授業内にこれまでの復習をさせるように仕向けることのほうが大事なのだ。**

(11)自分の子どもに教える時にも先生を演じる

自分の子どもを教えるのは難しい。どうしても子どもに甘えが出たり、親に反発心を抱いたりして、**うまく関係が作れないことが多い。その理由、それは親の顔のまま、教えようとするからだ。**

短い時間でもいい。子どもが低学年の間は、ほんの一〇分でもいい。テレビを見ながら教えたり、台所のテーブルで教えるのではなく、できれば子どもの勉強机の前に座らせる。

そして、親はその間、きちんと「先生」を演じる。子どもがいつもの親に対するような態度を取る時には、はっきりと「ちょっとだけ、先生に対するつもりで話を聞きなさい」「今、私は先生なんだから、そんな態度を取っちゃだめだよ」と注意するといい。

そうすることは、子どもにきちんと勉強させる機会を作ることにもなる。時間を決めて勉強をする癖をつけることは子どもには大事なことだ。勉強と遊び、家庭での語らいをごっちゃにしない態度をとってこそ、だらだらとした勉強でなくなる。

復習テスト

以下の項目のうち、本書の主張と合致するものはどれですか。

①教えるためには、できるだけたくさんの項目を手際よく教えることをめざすべきだ。

②先生と生徒は何よりも感情的な交流が大事なので、できるだけ個人的に付き合うようにするべきだ。

③生徒がいっそうのやる気を起こすように、実力よりも高いレベルを教えるべきだ。

④生徒は予習・復習をきちんとするのが原則だ。

⑤なめられてしまうと教えることができないので、なめられないことを大事に考えるべきだ。

（答） ⑤のみ。

〈解説〉

①本書ではたくさん教えるべきではないと主張している。

②教師と生徒は個人的感情をあまり強く持つべきではないというのが、本書の考え方。

③生徒のレベルに応じるべきであって、それ以上をめざすべきではない。

④予習・復習を生徒に期待するべきではないというのが、本書の立場だ。

⑤本書では、教師はなめられるべきではないということを強く主張している。

第２章
教える人間は、相手になめられてはならない

前章で述べたとおり、生徒になめられないことが、教える側にとって最も大事なことだ。なめられないようにするには、次のような方法がある。

(1)最初にレベルの違いをわからせる

最も好ましいのは、先生の側が圧倒的な知識を持ち、生徒と段違いの力量があることを見せつけることだ。言うまでもないことだが、先生と生徒の知識量に差がなかったら、すぐになめられてしまう。

そして、ほかのどの先生よりも力量があることを示すのが最も望ましい。「これま

で教わってきたどの教師よりも力があるぞ」と、相手に思わせたら、大いに尊敬されるだろう。教え始めてすぐに、自分の力の程を見せつけるようなネタをつくっておくとよい。

英語の教師であれば、流暢な英語でひとしきり話をして見せるのもいいだろう。会社の先輩として後輩を指導する時には、細かい数字や専門的な内容を交えて説明するといいだろう。私は直接習ったことはないが、ある有名な仏文学者は大学一年生の最初のフランス語の時間に、フランス語の詩を次々と流麗に暗誦してみせていたという。多くの学生はあっけにとられて厭味な先生だと思ったようだが、その力量については納得せざるを得なかったという。

ただし、これは実際にかなりの力量がある場合に限られる。力がないのに、最初に背伸びしすぎてしまうと、後で苦しくなる。そして、力のなさが露見した時には、ふつう以上に信頼を失ってしまう。

(2)面倒見のよさを示す

あまり自分の力量に自信を持てない場合には、面倒見のよさで勝負する手がある。知り合いに面倒見のよい予備校講師がいる。生徒の質問にはとことん答える。生徒が納得するまで教える。休みを返上してでも質問に答えるためにやってくる。その講師が長野校まで教えに行っている時、質問に答えているうちに最終列車がなくなって、帰れなくなったこともあったという。もちろん、質問に答えるだけでなく、問題集を貸したり、生徒一人のために問題を作ってやったりもするらしい。

また、ある知り合いの大学教授の家に遊びに行った時のこと、そこで教え子が泊り込んでいるのに驚いたことがあった。初めは、教授の子どもか親戚だろうと思っていたら、何と単なる教え子だった。まるで家族のように、風呂に入り、食事をし、一人合宿のような形で教授の教えを請うている。

ここにあげた二人とも、少々度がすぎていると、私は思う。しかし、一生懸命に教えようとし、生徒のためにできるだけのことをするつもりであることをしっかりと示すのは、悪いことではない。二人とも、実力のある人物だったが、たとえ、これらの教師が実力的に問題があったとしても、**これほどに面倒を見れば、誰も文句は言わない。そうすることで、生徒の信頼を得ることができる。**そうすれば、なめられることはありえない。生徒の側からすると、なめた態度をとると、面倒を見てもらえないことになるからだ。

ただし、力量がないことを自覚しているからといって、生徒にこびるようなことをすると、いっそうなめられてしまうので、注意が必要だ。

かなり昔のことだが、私が高校生だったころ、生徒の質問に答えられなかったり、入試問題を解けなかったりすると、「ごめんな。俺なんかが教えて。もっといい先生のほうがいいんだろうけどな」と生徒にわびる教師がいた。一部にはその先生を親しく思う生徒もいたようだが、ほとんどの生徒は、それこそなめきって、その先生の授業では騒ぐばかりだった。

面倒見がよいにしても、下手に出るのでなく、あくまでも先輩として先生として、生徒をリードしなければいけない。

(3)自分も初心者であることをさらけ出す

力量に自信がないどころか、教えることについて初心者である場合、圧倒的な力量を見せることもできず、面倒見のよさを示すこともできない。そのような場合には、腹を決めて、自分も初心者であることを隠さずに示し、自らも勉強する姿を生徒に見せるのも大事なことだ。

その場合には、最初に見栄を張らずに、「実は私も初心者なので、一生懸命に勉強させてもらいます」と口にするのが望ましい。

ただし、その時、必死さをしっかりと生徒に見せる必要がある。そして、自分自身も成長していくことが望ましい。初心者であることを示しながら、少しも成長しなかったら、それこそ最もなめられてしまうだろう。

私は教師らしい仕事を始めてかなりの時間がたつ。ところが、これまでの生徒たちの中で、ほかの時期の生徒よりもずっと慕ってくれるのは、初期に教えた生徒たちだ。教え方については、当時の私は今の私に比べるとずっと下手だったに違いないのだが、心が通い合ったようだ。おそらく、私の必死さが伝わったのだろう。

懸命に工夫をして教えようとする人間に対しては、少々教え方が下手でも、生徒はついてきてくれるものなのだ。ともに学び、必死に教えようとする態度があれば、必ず生徒はわかってくれるものだ。

(4)初めのうちにしっかり叱る

あまり叱らないのがよい教師だと思っている人が多い。叱らず、生徒を理解し、生徒を管理せず、穏やかにやさしく言い聞かせるだけの先生だ。

だが、私はそれは間違いだと思っている。それは単に生徒を管理できず、生徒を善導するのが怖くて、見て見ぬふりをしているだけだと私は思う。先生が生徒を叱らずにいると、必ず生徒はなめてしまう。

生徒が先生をなめる理由には二種類ある。一つは、相手の実力がないと判断する場合だ。もう一つは、実力は認めるにしても、何をしても叱られないと判断する場合だ。

少人数の場合は特に叱らなくても生徒がやる気を出すことがある。だが、ほとんどの場合、叱られないとそのままでいいと考えて、態度を改めようとしないものだ。そのような弱さを持っているのが人間というものだ。だったら、きちんと叱って態度を改める必要があることを生徒にわからせるほうが、生徒のためになる。

とはいえ、後に説明するとおり、叱り方にもコツがある。やみくもに叱ればよいというものではない。逆に、叱り方によって相手がやる気を失う場合もある。しかし、何はともあれ、きちんと叱らなければならない。

叱るとは、相手の態度に満足していないこと、いっそうの向上を期待していることを意味する。これは決して失礼ではない。

教える目的は、相手に好かれることではない。教えるからには、相手が傷つくことも言わなければならない。教えるとはそんなものだ。好かれることばかり考えていたら、相手が傷つかないことばかりを考えていたら、教えることはできない。

私は、叱る時には「三回目の原則」を自分に課している。

最初から叱ると、相手は萎縮する。必要以上に「怖い人だ」と思われてしまって、気軽な関係を築けない。だが、だからといっていつまでも叱らずにいたら、なめられてしまう。しかも、叱らないという態度が常態化して、その後、憤りを覚えることがあっても叱れなくなってしまう。

そこで、二度目まで大目に見て、三度目に相手が目に余る態度を取った時には、かなりきつく叱るわけだ。その時、「これまでは、きっとそのうちきちんとやってくれるだろうと思って大目に見ていたが、ちょっとひどすぎる」といって、少し厳しめに叱りつける。

そうすれば、その後も気楽に叱れるようになる。相手は、「この人を相手になめた態度を取ると、大変なことになる」と肝に銘じることになる。

(5)自分が間違った時は素直に認める

教える立場とはいえ、時に間違う。教えながら、混乱することもある。何かを断言したものの、後でそれが間違いだったと判明することもある。

もちろん、それは教える人間にとってあるまじきことだ。十分に反省して、二度とそのようなことがないように気をつける必要がある。そのようなことが何度も続くようでは、なめられても仕方がない。

だが、間違ってしまった場合、素直に認めるのが原則だ。妙に強がって間違いを認めずにいたり、黙って隠したままにしていると、後々で困ったことになる。さっさと間違いを認めてしまうのが、最も害が少ない。

ただし、その場合、何らかの言い訳は必要だ。「つい、○○の場合とかんちがいしてしまった」「ほかのことが頭に浮かんで、うっかりした」など、それなりに納得の行く言い訳をしないと、相手はどうしてもばかにしてしまう。もちろん、何度も間違いが続くと、相手も言い訳を信じなくなるが、一度か二度であれば、十分に通用する。

(6)わからない質問への対処の仕方

なめられないためには、信頼を得る必要がある。きちんと質問に答えるのも、そのための方法だ。いい加減に答えたり、質問の意味を取り違えたりしていたのでは、信頼を得られない。

ところで、時には質問に答えられないことがあるだろう。たとえば、英語を教えている場合など、難しい文章を示されて、「訳してほしい」などと依頼され、その中に未知の単語、不明な構文が混じっているかもしれない。そのような場合、わかりもしないのにわかったふりをして強弁するべきではない。

最も好ましいのは、「きちんと答えたいので、家で調べてくる」といって、できるだけ誠実に調べてみることだ。そのようにできるだけ誠意を尽くすことで、相手はなめなくなる。

(7)時には自慢するのも、悪いことではない

日本人は自慢を嫌がる傾向が強い。自慢は悪いことだと思っている。だから、自慢したいことがあっても、黙って相手がわかってくれるのをじっと待つことになる。そして、相手がわかってくれないと、いらいらしてしまう。だが、なめられないためには、ある程度の自慢も必要だと私は考えている。

もちろん、下手な自慢はよくない。しつこく大袈裟な自慢をしたり、同じ自慢を繰り返したり、他人を中傷したりでは、相手はうんざりする。だが、きちんと自分のアピールするべき点はアピールしなければいけない。教える内容についてどのような実績があるのかを、初めにきちんと知らせておく。

かつて予備校で働いていたころ、周囲の講師の自慢の多さには常に驚かされていた。政治家やタレントに友人がいるという自慢をする人もいれば、自分が声をかければ日本を代表する大企業の幹部が頭を下げてやってくるかのように吹聴する講師もいた。

もちろん、自分がいかにその科目に精通しているかを大袈裟に語る講師も多かった。そして、そのような講師は謙虚な講師よりも人気を得て、実際に生徒の力を伸ばしていた。

ある数学講師は、最初の時間に、「私に解けない問題はないので、いつでも質問に来い」と語っていたという。そして、その後に「私以外の先生のところに質問に行っても、すぐには解けないだろう。東大の問題をすぐに解けるのは私くらいしかいない」と付け加えていたそうだ。これは言い過ぎにしても、それが事実に近いのであれば、このようなアピールは必ずしも悪くない。事実、その講師は生徒に信頼されていた。

そのほか、これまで長い間先生を務めてきたこと、教え子に優秀な人がいること、かつては自分自身も実務をつんで優秀であったことなどを、的確にさりげなく伝えることは必要なことだ。

このようにきちんと自慢してこそ、相手は実績を正当に評価してくれる。そうしてこそ、生徒は「この人について行けば大丈夫」という意識を持つ。

私は自慢をするのは、教える人間にとって、教える内容に信頼を持たせるための大事な要素だと考えている。

(8)自分の子どもに対する時には、子どもに対して予防線を張っておく

低学年の子どもは、親に対して絶大な信頼を寄せているものだ。親は小学生の自分ができないすべてのことをできるものと思っている。

そうだからこそ、親が算数の問題を解けなかったり、親の教えたことが学校の先生

によって否定されたりすると、親に対する信頼を一挙になくしてしまうことがある。そして、親に向かって「これもできないの？」などという失礼な言葉を投げかけたりする。

もちろん、そのようなことがないように勉強をきちんと子どもに教えられるのが望ましいが、実はそれはかなり難しい。遅かれ早かれ、何らかの形で親は子どもに教えられなくなる。

そのような場合の権威失墜を防ぐためには、前もって、そのうち教えられなくなる時がくることを予告しておくのが好ましい。

「人間って、だんだんと忘れてしまうものなの。それに今は昔と違うことを教えている。そのうち、私の力では教えられなくなる。そんな時には、一緒に考えようね」というように日ごろから語っておくといい。

そうすれば、親ができない問題にぶつかって、「昔はできていたけれど、忘れてしまった」などと言っても、それが口実に聞こえない。

復習テスト

次の項目のうち、本書の主張と合致するものはどれですか。

①なめられないためとはいえ、自慢めいたことを言うべきではない。

②自分も初心者であることをさらけ出すと、むしろなめられるので、あくまでもベテランを演じるべきだ。

③叱らずにいるとなめられるので、早めにしっかりと叱る必要がある。

④しっかりと質問に答える態度を示すのも、なめられないための一つの方法だ。

⑤わが子に勉強を教える時、親ができないとみっともないので、前もって「できないかもしれない」という予防線を張っておくべきだ。

〈答〉 ③④⑤

〈解説〉

①上手にするのなら、自慢はしてよい。自慢してこそ生徒にアピールできる。

②初心者がベテランのふりをするのは難しいので、初心者であれば、それをさらけ

出して、むしろ頑張る姿を見せるべきだというのが、本書の考え方。

③きちんと叱るべきだというのが、本書の一貫した考え方。

④質問にきちんと答えれば、生徒の信頼を得ることができる。

⑤予防線を張っておくことで、なめられるのを防ぐことができる。

第3章 相手のモティベーションを持続させるには

勉強が長続きするかどうかはモティベーションにかかっている。モティベーションを持ち続ければ、多くの人間が勉強を続け、力を伸ばす。そうでなければ、すぐにやめてしまう。そして、その際、もちろん責任は本人にあるが、教える側にも責任がないとは言えない。モティベーションを高めるのも、教える側の役割だからだ。

わかりやすく教えるのだけがよい教師の条件ではない。やる気を持たせ、それを維持させ、生徒が自ら自分の力を伸ばすように仕向けるのも、それ以上に大事なよい教師の条件なのだ。むしろ、わかりやすく教えるのは、モティベーションを持たせるための一つの方法とさえ言っていいだろう。

本章では、モティベーションを高めるためのテクニックについて解説する。

(1)相手に「伸び」を実感させる方法とは

モティベーションを高めるための最大のポイント、それは「伸び」を実感させることだ。そうすることで、自分の向上を確信し、もっと伸びたいという気持ちを起こす。いくら学んでも伸びていないと感じていたら、学ぶ側はそれまでの勉強を時間の無駄と考えて、投げ出したい気持ちになる。

あるいは、数人の生徒がいて、ほかの生徒は伸びているのに自分がいつまでも伸びずにいると、劣等感を覚え、自分の能力に疑問を持って投げ出してしまうこともある。そうならないように、先生は何とか伸びを実感させることを心がける必要がある。「伸び」を実感させるには、以下のような方法がある。

①「伸び」を実感できる機会を作る

伸びを実感させるには、学んだことを社会で使ってみて、役に立つ経験をさせるのが最も好ましい。英語を教えている場合、英語が外国人に通じると、自信を持つ。それゆえ、時々、学んだことを試せる機会を作る必要がある。

また、第七章でも説明するように、短期的な目標を作って、達成感を味わわせることも大事なことだ。

たとえば、私は中学生や高校生に小論文を指導しているが、彼らに「伸び」を実感させるために、新聞に投書するように勧めている。毎日、投書欄を読み、何か発信したくなったら、自分で投書をするわけだ。新聞に自分の意見が載ると自信になる。

教えている内容によって機会は異なると思うが、何らかの形で実地練習の場を設けるといいだろう。

②テストの点数を工夫する

小テストをする場合、多くの生徒にとって点数が「伸び」の目安になる。点数が上がると伸びたことを実感する。そうでないと、「伸び」を実感できない。

ところが、テストはある程度伸びたことを前提にして、想定したレベルに達しているかどうかが点数に表れる。そのため、学び始める前よりも知識が圧倒的に増えていたとしても、それが点数に反映されないことが多い。そのために、力がついていることとに疑問を覚える人が少なくない。

そこで、**だんだんとテストの判定を甘くしたり、テストの中に基本的な問題を加えるなどして、点数が上がるように工夫するといいだろう。**

私の知り合いの予備校の英語講師は、部分点をつけたり、三角をつけたりして、できるだけ生徒に見破られないように、採点を甘くして多くの生徒が達成感を感じるように工夫していた。

確認テストの性質上、それができない時には、「だんだんとテストを難しくしているので、点数には反映されていない。だが、力はついている」と言い聞かせる必要がある。

③学ぶ前の記録を残しておく

私は小論文の指導をする場合、最初に書いた文章を保存しておくように勧めている。そして、ある程度上達してから、かつての自分の文章と見比べてみるように促す。保存していない生徒のために、提出してもらった答案に関しては、全生徒の答案をコピーしておくこともある。伸びを実感できずに悩んでいる生徒でも、かつての文章を見せると、圧倒的に伸びていることを実感できる。
教えている内容にもよるが、最初の状況を文章や映像で残しておいて、学習後と比べさせるのはうまい方法だ。

④生徒を具体的にほめる

もっと簡単なのは、口でほめることだ。「わあ、ずいぶん上達したねえ」「凄いねえ、そんなこともできるようになったんだ」などとほめると、生徒は自信を持つ。そして、上達を自覚する。

言うまでもないことだが、ほめられると、自信を持つ。いっそうやる気を起こす。向上心を持つ。ほめられることがエネルギーになる。それゆえ、ほめるべき時にはきちんとほめることが大事だ。とりわけ、これは子どもに効果絶大だ。

しかも、**ほめる時には、漠然と「よくできました」と言うのではなく、この部分のこの点が優れているとはっきりと具体的に、そして、本音の言葉としてほめるのが原則だ。**そうすることによって、生徒にも自分のよさが認識できる。漠然とほめた場合、自分でもどこがよいのかわからずに、悩んでしまうことがあるものだ。

ただし、数人いる時、一人だけをほめまくると、ギクシャクしてくることがある。そのような場合には、あまり大袈裟にほめるべきではない。しかし、ほかの人にも、その人が優秀であることがわかる程度にはほめるべきだ。そうすることによって、その人を見本にする態度が生まれ、うまく機能するようになる。

⑤わが子を叱る時は、賞罰をからめてもよい

「一〇〇点を取ったら、遊園地に連れて行ってやる」「成績が上がったら、ゲームソフトを買ってやる」といった賞罰を子どもの勉強に対して加えている人は多いだろう。ところが、これに対して、よくないことだという意見がある。勉強に報酬を与えるべきではない、勉強そのものの楽しさを教えるべきだというのだろう。

もちろん、賞罰を絡めないのも一つの見識だと思うが、私自身は子どもを動かすには、そのような賞罰があってもよいと考えている。勉強することを楽しいと思う人間は皆無に近い。大人はまだしも、そのように思うような殊勝な子どもがいるとは思えない。そのような殊勝な子どもを基準に考えるべきではない。

ただし、高価なもの、厳しいものではなく、これもゲーム感覚でちょっとした賞罰

を加える。たとえば、「これが合格点を取れなかったら、罰にトイレ掃除」「これができなかったら、文句を言わないで、さっさと風呂に入る」「これができたら、プリンを食べていい」といった具合だ。

こうすることで、楽しく勉強ができる。モティベーションも高まる。

(2)相手のプライドを傷つけないで、上手に叱る

前節で語った通り、ほめるのはモティベーションを高めるためのうまい方法だ。だが、下手にほめると増長してしまう生徒がいるものだ。伸びを実感させると、それで満足して、それ以上、取り組もうとしなくなる。そうならないように、上手にコントロールする必要がある。

そうでなくても、叱るというのは、生徒に対する大事な手段だ。ところが、叱り方の下手な先生がいる。上手に叱れば、生徒とコミュニケーションをとるよい機会なのだから、それをきちんとマスターする必要がある。

①生徒の潜在能力を否定しない

叱るときに、「あきれるくらいできないな」「お前はばかか」などの言葉を使ってはいけない。これらは、生徒の持っている能力を否定することに繋がってしまう。つい感情的になって、「これができないのなら、これから先、できるはずないな」「これもできないくらいだったら、人間やめちまえ」などと言いたくなることがあるが、もちろん、一度たりとも、そのようなことを言ってはならない。頭ごなしに相手の能力を否定すると、生徒本人も自信をなくし、やる気をなくす。先生としては奮起を促すつもりで言っているのかもしれないが、そのように受け取られることはほとんどない。「このくらい、君ならできるはずだ」「あわてないで、よく考えれば、わからないはずがない」「ここはつまずきやすいところだから、しっかり考えないとわからないよ」などと**生徒の潜在能力を認めた上で叱る必要がある。そうしてこそ、プライドを傷つけないで叱ることができる。**

②具体的な事柄について叱る

叱るうちにだんだんと広がって、生徒の生活態度、ほかの場面での行動などについても叱りたくなることがある。「そもそも、お前の考え方そのものが間違っている」「前からお前の態度が気に入らなかった」などと叱る先生がいる。

とりわけ、わが子を叱る時、「夜、ずるずると起きているから、こんなことになるんでしょう」とか「テレビゲームを買って勉強なんて少しもしていないんでしょ」などと日常生活とからめたくなるが、それも好ましくない。

あくまでも、その生徒の一つの結果について叱るのが原則だ。するべきことをしなかった、マスターしていなければならないことができなかった点について、努力不足、考えの甘さなどを叱る。そうすれば、長々と説教することもなくなる。叱られたことを直すのも簡単だ。

③どんな場合でも、感情的に叱らない

どんな理由があっても、感情的に叱るべきではない。怒鳴るのはいい。厳しく叱りつけるのはいい。だが、感情的になってはならない。私的な怒りを覚えてはならない。

感情的になってしまうと、後先なしに、言ってはならないことまでも言ってしまう恐れがある。

自分の子どもに教える場合には、多少は感情を爆発させても、日常的に信頼関係が成り立っているので、修復が可能だ。だが、赤の他人が感情的になったら、修復不可能になることがある。そんな危険を冒すべきではない。

いや、肉親であっても、感情的になると、「そんなことでは、お父さんの跡を継げないでしょ」とか、「それでは、お父さんみたいに安い給料で働くことになるのよ」などと、言ってはならないことまで言ってしまうものだ。できる限り感情的にならないように心に歯止めを作っておく必要がある。

④生徒を、他人と比べて叱ってはいけない

「これくらい、子どもでもできる」「○○さんは、このくらい完璧にできた」などと言いたくなることがある。だが、他人と比べて叱るのは、生徒を傷つけるばかりでなく、やる気をそぐことになりかねない。「どうせ、私はほかの人よりも劣っているさ」という気持ちになってしまう。

とりわけ、わが子を教えている時に、「お姉ちゃんと比べたら、なんてあんたはできないんだろうね」などと言うのは禁句。兄弟姉妹、従兄姉などの近親者と比べてはいけない。

もちろん、他人と比べてほめるのならよい。「あんたはおねえちゃんよりも、ずっとできるね」というのは、やる気を作り出す。あるいは、「私が君たちの年には、君たちのレベルにはるかに達していなかった」というのもいい。「今の君たちはひどい状態だが、きっと、数カ月後にはできるようになっているはずだ」などと未来と比較して現在を語るのならいい。だが、繰り返しておくが、他人と比べて否定的に叱るべきではない。

⑤叱る時にも、逃げ道を用意しておく

大人を叱る場合には特に、逃げ道を用意しておく必要がある。

おそらく、生徒がテストなどに失敗した時、「忙しくて勉強する時間が取れなかった」「たまたまほかのことを考えていて、つい忘れてしまった」「つい勘違いしてしまった。自分の実力をきちんと発揮できれば、できるはずだ」「つい考えすぎてしまって、おかしなところに迷い込んでしまった」などと言い訳をしたがっている。

もちろん、そのような言い訳のほとんどは、単なる逃げ口上でしかない。実力がないからできなかった、そもそもやる気がなかったというのが、ほとんどの場合の真相だ。

だが、だからといって、それを生徒本人に言ってはならない。とりわけ、生徒が社会人である場合には、そのようなことを面と向かって言うと、ひどく傷つけることになる。

「忙しくて勉強する時間が取れないのはよくわかるんですが……」「つい考えすぎてしまって、おかしなところに迷い込んでしまったんだろうとは思うけれど……」というように、先生のほうから逃げ道を用意してあげながら叱るのが好ましい。

そうすることでプライドを保ちつつ叱る

ことができる。生徒のほうも、そのように言われれば、実力がないからできなかった、しっかりしていないからサボってしまったとわかるはずなのだ。

⑥自分で考えるように突き放す

何もかも面倒を見るのがよい先生ではない。ある程度教えたら、後は自分で考えるように突き放すほうが、むしろよい先生だ。

繰り返し語っているとおり、教えるということは、独り立ちすることを手助けすることにほかならない。いつまでも指導していたら、独り立ちできない。独り立ちのためには、自分で工夫をし、一人で仕事ができるように促すしかない。

それゆえ、**一人でできるだけの力をつけたら、課題を与え、「あとは一人でやってごらん」と突き放すのが好ましい。そして、生徒が質問してきた時に助言するだけにとどめる。**そして、課題を完成させるように促す。

その際、次のような助言をすると、効き目がある。

Ⓐ新しいアイデアを出させる

初めのうちは、生徒は先生のレベルを一歩も超えない。口移しに先生のまねをすることしかできない。だが、それではいつまでも独立できない。自分で考え、先生を超えてこそ、独立できる。

そのためには、無理にでも先生を批判させることだ。時に、「私が教えたのとは違うアイデアを示しなさい」「私の示した案を批判しなさい」などといった指示を出すといいだろう。

Ⓑ生徒を挑発する

先生の基本は、生徒をほめてやる気を出させることだが、ある程度できるようになってからは、少し挑発するのも悪くない。自信のない人間はほめる必要があるが、すでに力を認めた後であれば、自信をぐらつかせたり、挑発したりするのも悪くない。「君だったら、もっとやれると思っていたんだけど、これくらいのことしかできないのかな」「ちょっとがっかりだな。私の見込み違いだったかな」などと言ってみるのもいいだろう。そうすることで、生徒は発奮し、いっそう力を出そうとする。ただし、いうまでもないことだが、くさしすぎると、生徒はむしろ気を落としてしまうことがあるので、注意が必要だ。

Ⓒ生徒の壁になる

教師は常に生徒の力になり、生徒を助けるべきだと考えている人が多い。だが、私は時には、教師は生徒の邪魔をするべきだと考えている。

生徒にとっての最後の壁は先生だ。生徒は先生を乗り越えてこそ、一人前になれる。それゆえ、先生は生徒を甘やかすべきではない。簡単に生徒を一人前にするのでなく、むしろ壁として立ちはだかるべきなのだ。「私に勝ってみろ。私を感心させてみろ。私に参りましたといわせてみろ。そうすれば、私はお前を一人前と認めてやろう」という気構えで厳しく生徒に対するべきだ。

そして、最後、生徒が独り立ちした時、一人前として認める。ただし、その場合も、「私はまだまだ君には負けない」という態度を崩すべきではない。

復習テスト

以下の項目のうち、本書の主張と合致するものはどれですか。

①モティベーションを高めるには、生徒が自分の伸びを意識することが大事なので、そのような機会を教師が積極的に作るべきだ。
②学ぶ前に生徒の状況を記録しておいて、それと比べることによって、生徒は伸びを実感できる。
③モティベーションを高めるにはほめるのが原則なので、できるだけ叱るべきではない。
④叱る時、生徒が逃げ口上を言わないように、前もって作戦を練って、逃げられないようにしてから叱るべきだ。
⑤生徒が独り立ちした時には、教師はむしろ壁となって立ちはだかるべきだ。

〈答〉　①②⑤

〈解説〉
①その通り。教師は生徒が伸びを実感できるように工夫する必要がある。
②できる限り、学ぶ前と学んだあとを生徒に示して、伸びを感じさせるようにする

のが望ましい。

③叱ることも必要だ。叱ることも、モティベーションを高めるのに役に立つ。

④生徒にむしろ逃げ道を残しておいてこそ、プライドを保つことができる。

⑤その通り。最終的には生徒をライバルとみなすのが、生徒にとっても最も好ましいことだというのが、本書の考えだ。

第４章

相手のタイプに応じた説明の仕方をすること

生徒に応じた説明をするには、まず相手をしっかりと知る必要がある。どのようなタイプの人間かによって、説明の仕方が多少変わってくる。

人間にはいくつかのタイプがある。よく言われるのは、「理系人間と文系人間」「ひらめき型と努力型」「積極型と消極型」などだ。もちろん、これらの区分は人間のタイプを識別するのに役に立つ。だが、実際に教える場合には、それほど意味がないと私は思う。

もちろん、教えている相手が文系ばかりであれば、何かを例にとって説明する時には、数学や理科に関することは避ける。英語を教えるときに、例文として、自然現象よりも人間心理などを扱ったものを取り扱う。だが、その程度の配慮で十分だ。しかも、中学生くらいまで、理系と文系の違いはそれほど大きくない。「ひらめき型と努力型」や「積極型と消極型」にしても、それは勉強の仕方や問題の解き方にかかわることなので、勉強の仕方を質問された時には、そうした性格を考慮して答える必要があるが、教えるときにはそれほど考える必要はない。

私が最も大事だと思っているのは、「理屈人間」と「実践人間」という二つの理解の仕方のタイプの違いだ。

たとえば、教師自身が以下で説明するような理屈人間である場合は、理屈っぽい説明をしようとするだろう。そして、それができない生徒を劣っているとみなしがちだ。逆に、教師が実践人間である場合には、理屈人間が存在することを想定しないで、理屈を無視してしまう恐れがある。

理屈人間と実践人間――人間を理解の仕方で分けると二つのタイプが存在し、まず自分自身がそのどちらに当てはまるかを自分自身を振り返って自覚する。その上で、生徒のタイプはどちらかを見極めて教えるのが好ましい。

(1)理屈人間とは、どういうタイプか

理屈人間とは、物事を体系的に捉えなければ気のすまないタイプだ。物事をそのまま覚えろと言っても、覚えられない。とりあえず行動しろと言っても行動できない。物事の意味を考え、自分の行動がどのようなことをもたらすかを知ってこそ、行動できる。自分が何か行動する時も、なぜそのようなことをしているのかをほとんど無意識のうちに考えてしまう。

このタイプの人間は英語の勉強をする時も、理屈で理解しようとする。文法を体系的に理解しようとし、理屈に合わないと、記憶もできなくなってしまう。英語の頭文字や略語などが出てきたら、元の意味を理解しなければ使う気になれない。似た発音の単語に出くわしたら、語源を調べたい気持ちになる。

このタイプの人は「なぜ、そのようなことになるのか」「それにどんな意味があるのか」といった質問をする。また、この種の人は、様々なことに対して納得できない表情を示すことがある。そして、物事に法則性を見出そうとしたり、何かしら、物事

に説明を求めたりするだろう。

なお、理屈人間のほうが物事を深く考える傾向があるので、知的で高学歴であることが多い。だが、常にそうとは限らない。このタイプの人は、理屈が気になるばかりに、物事をしっかりと身につけるのが苦手なことがある。理屈ばかり言って何もできない人間というのも、このタイプの中にはいる。それを理解して教える必要がある。

(2)実践人間とは、どういうタイプか

理屈人間と異なって、考えるより前に行動するタイプだ。なぜそうなるかといったことにはさほど関心がない。それより先に行動することを重視する。

英語の勉強をする時も、理屈で体系を考える先に、一つひとつの単語や表現を身につけ、それを実際に使ってみようとする。語源を調べようなどとはさらさら思わない。理屈がわからなくても気にならない。使っているうちにわかってくるだろうと考えている。そして、少々わからないところがあっても、あまり気にせずに自分で使ってみようとする。勉強を「暗記すること」とみなしている傾向がある。面倒なことがあっ

たら、その理屈を考えるよりも、まるまる覚えこもうとする。

この種の人は「なぜ、そうなるのか」といった質問はしない。**関心があるのは、「どうすればうまくできるか」という点に限られている。質問もそのような点を中心にする。**

この種の人に理屈を言うと、「そんなことよりも、早く実行させてほしい」「理屈はいいから、先に進もう」と言い出す。口に出さなくても、そのような態度を取る。

このタイプには体育会系が多いが、知的でないというわけではない。実践するうちにだんだんと理屈も理解して、物事を深く考える人も少なくない。要するに、このタイプの人は、理屈よりも先に行動しようとするに過ぎない。頭が弱いということではないので、誤解しないでいただきたい。

(3)理屈人間への対処の仕方

理屈人間に教える時、まずは大まかな見取り図を示すことが大事だ。

たとえば、会社の仕事を教える時、最初に、会社全体の仕組みと、所属している部署の役割、それぞれのメンバーの仕事、取引先の全体図を示して、全体像をつかませる必要がある。そして、何か行動をとるごとに、その意味を説明して聞かせるべきだ。それをしないと、理屈人間はそのことを自分で納得するために無駄な時間を使うことがある。また、それを納得できないと、自分から行動しようとしない。

このタイプの人間に物事を説明する時には、「なぜそのようなことをする必要があるのか」「ほかの方法ではなぜいけないのか」を意識することが望ましい。そして、それを的確に指摘すると、この種の生徒は先生を信頼し、敬意を覚える。

「理屈なんか考えるな」などと言うべきではない。このタイプの人は、好き好んで理屈を考えるというよりは、何事にも理屈を考えないと気がすまないのだ。だから、「理屈を考えるな」と言われても、それができない。ほとんど無意識のうちに、「なぜだろう」と考えてしまう。そして、納得できないと、「わからない」と感じてしまう。そして、身動きが取れなくなる。

この種の人は、その場でたまたま出来がよかったとしても満足しない。「たまたまできたに過ぎない。自分はまだ体系的に理解していないところがたくさんある。内容をきちんと把握していない」と自己判断する。

この種の人間は、何事に対しても自分なりに納得しようとする。そのため、時に誤った解釈に陥ることがある。あるいは、納得できずに、途方にくれたままになることがある。教える人間はそのことを理解して、うまく相手がどこで迷っているのかを的確に判断し、きちんとアドバイスをする必要がある。

相手が身動きできずにいる時には、「これ以上理屈を考えても難しいので、とりあえずやってみましょう。そうするうちに、わかってくることがあるかもしれませんよ」などと、実践を呼びかけてみる。理屈人間は、実践に移るほうが理にかなっていることを説明されてこそ、納得できる。

(4)実践人間への対処の仕方

実践人間には、まったく別のアプローチが必要だ。

何を教えるにしても、理屈を言う前に実行を優先する必要がある。理屈が必要な場合も、先に理屈を言うのではなく、実践させてみる。その後で理屈を説明する。

たとえば、英語を教える時も、まずは口まねで挨拶を教え、それを口にし、暗誦させる。いくつかの挨拶を使えるようになったところで、それがどのような文法に基づいていたのか、必要不可欠なことだけを教える。

体系だって教えることを考えるべきではない。必要に応じて、その都度教えていけばよい。むしろ、文法に過度な疑問を持たないように仕向ける。そして、多くの場合、文法的に理屈だって教えるよりも、「そのような決まりになっているから、そのまま覚えなさい」と指示するほうがよい。そうすることを、実践人間は願っている。

このタイプの人に対する「殺し文句」は、「こうすれば、使える」だ。体系を教える時も、学問的に教えようとすると興味をなくすので、「これを知っていると、使いやすくなる」と言えば、興味をもつ。

(5)両方のタイプが混じっている時の対処法

相手が一人、あるいは同じタイプの人間であれば、その人に応じて教えればよい。だが、少人数であろうと、数人の生徒がいて、タイプが異なる場合、その説明の仕方に少し工夫が必要だ。

先ほど、二つのタイプのうち、理屈人間を先に紹介した。だが、それは、そのほうが説明しやすかったからであって、人数が多いわけではない。むしろ、私の経験で言うと、生徒の八割以上が実践人間のタイプに属する。それゆえ、実践人間を主たる相手とみなして、教えてかまわない。

だが、そうすると、理屈人間が先生を信頼しなくなる。そして、理屈人間は顔に表情をあまり出しはしないものの、時に反抗的になったり、なめた態度を示したりする傾向がある。できるだけ、それは避けたいところだ。

それゆえ、**ほとんどの時間を実践人間に合わせて説明するにしても、その前後に少しの時間だけ理屈人間への対応を行うといい。**

つまり、最初にごく大まかに教える内容の全体像を示して体系的な位置づけを示す。これは、実践人間にも必要なことだ。そして、そのあと、実践人間向けの説明をする。そして、それが終わった後で、再び、それまで説明したことを体系的に少しまとめる。そして、「もしわかりにくいところがあったら、質問してほしい」と付け加える。理屈人間が疑問を感じたら、そこで質問できるようにしておくわけだ。こうすることで、両方の人間とも、納得でき、しかもそれほど退屈せずにすむ。

(6)自分の子どもに対して、自分と同じタイプと考えない

自分の子どもに対しては、つい自分と同じタイプだとみなしてしまう人が多いだろう。だが、それは危険なことが多い。自分の子どもといっても、もう一人の親の血を引いている。しかも、性別による違いもある。男の子の場合、理屈屋タイプが女の子よりも多い傾向がある。母親が息子に対して自分と同じような意識を持っていると思い込んで教えてしまうと、むしろ逆効果になってしまうことがある。

子どもの態度を見ながら、そのタイプを見極めながら、教えていくのが望ましい。

復習テスト

以下の項目のうち、本書の主張と合致するものはどれですか。

①物事の理解の仕方には、理屈重視と実践重視の二つのタイプがあるので、それに応じて説明の仕方を考えるべきだ。

②理屈人間のほうが実践人間よりも頭がいいので、気をつけて教えなければならな

い。
③実践人間のままではいけないので、理屈を考えるようにしっかりと鍛えなければならない。
⑤理屈人間と実践人間の両方が混じっている時には、実践人間だけに焦点をしぼって教えるべきだ。
⑥わが子は自分に似ているはずなので、まずは自分と同じタイプと考えて教えるべきだ。

（答）①

（解説）
①本章は、まさしくこの二つのタイプに応じた説明の仕方を解説している。
②理屈人間か実践人間かということは、知的レベルとは関係がない。
③実践人間のほうが人数も多いので、主としてそれにあわせて教えるほうが好ましい。実践人間を鍛えなおす必要はない。

④実践人間を中心に考えるが、両方のバランスが大事だ。

⑤わが子であっても、自分に似ているとは限らない。性別やもう一人の親からの遺伝も関係する。

第５章

おもしろい説明の仕方にはコツがある

もちろん、説明はわかりやすくなくてはいけない。だが、先に述べたとおり、おもしろくなければ、説明を聞いてくれない。結果的に、教えても身につかない。

教えるのをおもしろくするにはコツがある。

まず、**教えようとしていることがどれほど大事なのかをしっかりと認識させることが必要だ**。どうでもいいこと、たいした意味のないことであれば、身を入れて学びたい気持ちを持たないものだ。

そのためには、以下のような方法がある。

(1)得になることを強調する

得になると強調して教えるのを毛嫌いする人が多い。「これができると得をするから、上手にしなさい」というのを、まるで卑しいことのように感じるらしい。だが、人間というもの、楽しいことか得になることかのどちらかしか自らしようとしないものだ。学ぶことは基本的にそれほど楽しいものではない。少なくとも、誰もが楽しいと思うものではない。得になるのだということを強調してこそ、聞いているほうは学びに身が入り、おもしろく感じる。

したがって、「これを知っておくと、得になる」「これを頭に入れておくと、出世につながる」といったことを、たびたびほのめかすとよい。

もちろん得になることばかりでは、学びは十分ではない。直接的には得にならないことも学んでこそ、本当に学びが身につく。地道な苦労がなければ、実力は身につくものではない。だが、**興味を持たせるためにも、「得」を強調することは、教えるテクニックとして無視するべきではない。**

(2)できないと大変なことになると強調する

学ぶと得になることを教える以上に効果的なのが、学んでおかないと大変なことになると教えて、危機感を強めることだ。少し大袈裟に言えば、少々脅すことだ。「これを知らないと、将来、生きていけない」「これからは、これを知らないと恥ずかしい」「これからは、それを知らない人などいなくなる」といったことを語るわけだ。場合によっては、学ばなかったために大変な目にあった知人の話をするのでもいい。

私は、大学生に小論文を教える時、それができないと、将来、入社試験にも合格できず、会社に入ってからも、レポート、企画書、昇進試験に苦労することを教える。それればかりか、会議で話をすることも、書く能力が基盤になっていると語る。そして、難関校出身でありながら、文章が苦手なために、能力がないとみなされて、仕事を十分に与えられずにいたかつての知人の話をする。

(3)裏技であることを強調する

私は何かを教える時、それをできるだけ「裏技」として教えることにしている。かなり当たり前のテクニックであったとしても、あたかも「裏技」であるかのように語る。予備校で小論文を教える時、「この裏技を知っていれば、楽をして点が取れる」「このコツがわかっていれば、実力がなくても、W大学では評価される」と教えたものだ。そう口にすると、それまで退屈そうにしていた生徒が突然、目を輝かせて耳を傾けようとしてくれたものだ。そして、それを本気で身につければ、W大学に合格する裏技だけでなく、本格的な文章力と知性を身につけることができる。

私もかつてフランス語を習う時、「この発音が正確にできれば、フランス語らしく聞こえる」「この用法を用いると、日本人の書いたフランス語らしくなくなる」という言葉に魅力を感じ、それをきっかけに力をつけたものだ。

「今から裏技を教える。みんなが習ってきた方法とは違うが、これを身につけておくと、ほかの人を出し抜ける。だから、是非覚えてほしい」とほのめかす。そうすれば、その裏技を身につけたいと思うようになる。

(4)モテることを強調する

異性にモテることは、何かを学ぶための重要な要素だ。それを軽視するべきではない。

スポーツが人並み以上にできる人の多くは、かっこよいところを人に見せたいと思って、努力をした経験があるはずだ。勉強をするのも、異性にモテることを何らかの形で意識していることが多い。

それゆえ、「これができるとカッコイイと思う人が多い」「これができると、モテる」ということを強調するのはよい方法だ。

(5)自分の子どもに対しては、思い出話をする

自分の子どもに教える場合、その項目を習ったために自分がどんな得をしたか、あ

るいは、それを身につけなかったために後でどれほど損をしたかを話して聞かせるといい。

たとえば、「私は、小学校の時、きちんとローマ字を勉強していなかったんで、中学に入って英語の勉強を始めた時に困ったよ。ローマ字をしっかり勉強した人は、簡単に英語ができるようになったよ。バカにしないで、きちんと勉強しておくほうがいいよ」といったアドバイスでも、十分に効き目がある。

(6)目からうろこ体験をさせて驚かせる

私は、学ぶ心の基本は驚きだと思っている。**何かを学ぶということは、新しい世界を知り、驚くことだ。それゆえ、意識的に驚きを作り出すことが大事だ。**

多くの方が、中学一年で初めて英語に接した時、「英語では、単数と複数でいちいち区別する」「brother という言葉は、兄と弟の区別なく示す」「英語には、冠詞というものがある」という事実に驚いた記憶があるだろう。そして、それを英語を知らない弟や妹などに偉そうに説明した記憶のある人もいるだろう。

「一般には……と思われていますが、実は違うんです」と言われると、間違いなく興味を引かれ、それに説得力を覚えれば、目からうろこと感じるだろう。

たとえば、「ナイーブ」という英単語がある。日本では、「傷つきやすい」「繊細で、洗練されている」という意味で使われている。だが、英語では、まったく逆の意味を持つ。「世間知らず」「田舎者」「うぶ」などの意味で、むしろ「生まれたままの状態にいて、まだ十分に洗練されていない」「子どものように怖いもの知らずだが、繊細さを持たない」というニュアンスを持つ。

だから日本人が、外国の人に向って「あなたはナイーブだ」などと言うと、大変なことになりかねない。この言葉は、ほめ言葉として使われる場合も、「子どものようなうぶな心を持っている」「まだ十分に磨かれていないすばらしいものを持っている」というほどの意味だ。英語を教えるとき、このような話をすると、聞いている人間は興味を引かれる。

あるいは、私は小論文を指導する時、ふだん非常識と思われていることにもそれなりの理屈があることを説明する。たとえば、「電車の中で化粧をすることについて」という課題を出すと、年齢が高くなるほど「悪いに決まっている」と書こうとする。

「してもよい」という方向で書く人も、せいぜい「現代人は忙しいので仕方がない」といった消極的肯定しか思いつかない人が多い。

そこで、「かつての日本人は人の目を気にしすぎて自由に行動できなかったが、そのような縛りがなくなって、人目を気にせずに化粧ができるのは、むしろ自由が広まることであって、好ましいことだ」「昔の田舎では、汽車の中で半裸になったり酒盛りしたりしていたが、お互い様だと許しあっていた。そのような寛容な社会のほうがよい」などといった意見を敢えて出して、それについて考えさせてみる。そうすることで、目を輝かせる生徒が出てくる。

教える内容をおもしろいと思わせる最もよい方法、それは目からうろこ体験をさせることだ。それまで考えてもみなかったことを知ったり、それまでの価値観を覆されたりすると、その内容をおもしろいと思うものだ。そして、自らそのような発想法を身につけたい気持ちになる。

(7)自分の個人的な体験を交える

教師の体験談によって、生徒に目に見えるように説明する方法だ。とりわけ、そこに失敗談などがあると、生徒はわかりやすくなると同時に、おもしろさを覚えるものだ。

「この業界には、このような暗黙のルールがある」という説明を淡々とするよりは、「私は、若いころ、それを知らずに大失敗をした」「私の部下がそれを知らずに、こんなひどい目にあった」という体験を示すほうがリアリティが増すだろう。

私は、予備校や大学で小論文を指導する時、この手法をかなり得意にしている。日本人の論理的な思考の弱さを説明する時、ヨーロッパで途方もなく論理的な人に出会ってたじたじとなった話をする。世界の文化の違い、日本社会の特質などを教える時には、ヨーロッパで暮らして途方にくれた体験を話す。グローバル経済の話をする時には、知り合いが株で大損をした話をする。

このような話をすることによって、教師に対して親しみを覚えさせることができる。私は、教師と生徒は個人的な交流を持つべきではないという立場をとっているが、だからといって、教師の人間味を見せるべきではないといっているわけではない。教場では、人間味を見せてこそ、親しまれる。**個人的に教場以外で付き合うのではなく、教場で人間らしさを示すことを考えるべきなのだ。**

(8)大袈裟な予告をする

生徒に興味を持たせるための最もうまい方法は、最初に少し大袈裟な予告をすることだ。「今日は、誰も知らない秘密をお教えします」「今日お教えすることを身につけたら、明日から世の中が変わって見えるだろうと思います」などと言えば、生徒は興味を引かれる。

英語を教える時に、「今日は、上手に恋をするために必要な表現を教えよう」「今日教えたことを覚えておくと、恋愛をする時に役に立つぞ」などと言ってもいいだろう。もちろん、そのように教え始めたのに結局つまらない話で終わってしまったら、むしろ信頼を失ってしまう恐れがある。だから、それなりにつじつまを合わせる必要はある。だが、ある程度の大袈裟な表現は許される。

(9)ユーモアを交ぜる

私は、一人の人間が一方的に話をする場合、よほど深刻な状況の場合を除いて、何らかの笑いの要素が必要だと思っている。そうしてこそ、場が和み、楽しくなり、学びにも力が入る。

だから、できるだけ生徒を笑わせることを考える必要がある。少なくとも一〇分に一回は、生徒が笑うように工夫するといいだろう。

最も簡単な笑いは、失敗談を披露することだ。「私は以前、このことを知らずに、こんな失敗をしたんですよ」と言いながら、面白おかしい話をすると、必ず興味を引くことができる。そう考えれば、失敗談の一つや二つ、思いつくはずだ。もし自分にそのような失敗がなければ、知り合いの失敗を思い出して、それを自分の失敗として話してもいい。

もちろん笑わせるのは難しい。すぐには笑わせられないだろう。だが、笑わせることを目標に練習することをお勧めする。

(10)芸能ネタ、スポーツネタを交ぜる

前項で述べたとおり、教える中にユーモアを交ぜるのが理想だが、笑いのセンスに自信がない人が多いだろう。そんな人が手っ取り早く聞き手の興味を引く方法として、芸能ネタやスポーツネタがある。

「最近、〇〇さんの離婚が話題になっていますけれど……」「〇〇さんが写真を撮られたらしいですけれど……」「昨日のワールドカップでもそうでしたけど……」と言うと、聞いている人は必ず聞き耳を立てる。それまで眠そうにしていた人も、必ず、興味を引かれる。そこで、それと教える内容をこじつけて、元の話に戻す。

時々芸能ネタ、スポーツネタを交ぜることで、親しみやすさもアピールできる。ただし、そのネタが昭和中期にしか通用しないようなものであった場合は、時代遅れであることを露呈してしまって、生徒が興味をなくしてしまうことがある。生徒によくわかるネタである必要がある。

ところで、もう一つ下ネタという方法もある。これも若者は食いつきがよい。

私の知り合いの高校の古文の教師は、下ネタの多さで人気を博していた。古文なので、その気になれば、題材はたくさんある。きわどいことを話していたそうだ。ところが、彼の教える高校に彼のお嬢さんが入学したという。そうしたら、彼の授業は突然面白くなくなったという話を聞いた。

実は受験生の息子と娘を持った私自身にも同じようなことが起こったが、それにはここでは触れずにおく。

(11)こちらから質問する

教師がどれほど正しく的確な教え方をしても、先生が一方的に話をして、それに生徒が関心を持たなければ、よい説明ではない。そうならないようにするには、生徒に時々質問する方法がある。

最初に、**「このことを、これまでどのように思っていましたか」「今日は何を目的に来ましたか」などという質問をするのでもいい。そうすることで、相手を受身一方の立場から引き出すことができる。**

また、話の途中に「どうなると思います?」「このような経験をしたこと、ありますか?」などと質問するのもいい。あまりに質問が多いと、生徒は落ち着いて話を聞けなくなるが、時々質問を織り交ぜることで、興味を引くことができる。

私が以前、フランス文学を習った先生は、このような質問をしながら学生を見回し、時々目のあった学生に、「君、どう思いますか、樋口君」などと問いかけたものだ。その先生の授業の時には、気を抜けなかった。

(12)ドラマ仕立てにする

私は、早稲田大学卒業後、立教大学大学院に進んだが、早稲田の学部時代には、学園紛争真っ盛りだったこともあり、またマンモス大学ということもあって、残念ながらあまり感心するような授業には出合わなかった。しかし、立教の大学院に入ってから、いくつか見事な授業を受けた。

大学院時代の指導教授であった渡辺一民先生のゼミは常に見事だった。フランスの詩人の詩についての解釈を院生が発表する。陳腐な解釈も鋭い解釈もある。鋭いけれどもうがちすぎというものもある。受講している院生がそれについて質疑応答する。渡辺先生は、院生の発表の説得力のないところを指摘し、時には完膚なきまでに打ち壊し、時には解釈の鋭さを褒める。ほかの院生の質問や意見に対してもコメントを加えていく。それが的確なので院生は納得するしかない。そして、次に渡辺先生の解釈が披露される。院生とはレベルの違う説得力に、みんなが圧倒される。時に、院生が先生の解釈の疑問点を口にする。すると、即座に説得力ある答えが返ってくる。これについてもほとんどの場合、納得するしかなかった。先生がその日に進んだ部分についてのまとめをしていると、ちょうど終了のベルが鳴る。ほぼ毎回、そのようにして進んでいった。

当時、助教授だった朝比奈誼先生のゼミは、別の意味で刺激的だった。毎回、何らかの仕組まれたドラマがあった。たとえば、このようなことがあったように記憶している。

最初に、それまでの授業とは無関係と思えるような原書のコピーが配付される。抜き打ちでそれを訳したり、それについて答えたりすることが求められる。あまりの難解さに受講生全員がたじたじとなり、先生は受講生の実力について辛らつな皮肉を言う。そして、その後、先生はごく簡単なヒントを口にすることによって全員がつまずいた点が明らかになり、目を見開かれ、たちどころに文章の全容がわかってくる。だが、まだなぜそのような文書を突然読まされるのか、誰もがわからずにいる。そして、授業の終わりごろになって、ふだんのゼミの内容と、その日に配付されたコピーの文章の関係が知らされる。それによって、ふだんのゼミで読み進めていた文章の分析に新しい視点が開かれるのがわかる。そして、ちょうどその時、授業終了のベルが鳴る……。

このように、疑問を提示され、受講者が暗い気持ちになり、それが克服されて明かりが差し、最後にはどんでん返しが起こる……そのような組み立てになっていた。まさしくドラマだった。

もちろん、このお二人の先生も毎回、ここに示したように見事に授業が進んでいったわけではない。名人とはいえ、失敗することもあった。先生方の説明に納得できないこともないではなかった。時間内では終わらずに次の授業に持ち越されることもあった。だが、このような教授たちの授業がのんべんだらりとしたものではなく、メリハリがあり、驚きがあり、学ぶ喜びがあるものだったことは確かだ。

単調に同じペースで教えるだけではなく、脅したり、おもしろがらせたり、感動させたりして、メリハリのある教え方をする必要がある。

私が今このような教え方が本当にできていると断言する自信はないが、少しでもこの領域に近づきたいと思っている。

復習テスト

以下の項目のうち、本書の主張と合致するものはどれですか。

①わかりやすさも大事だが、それ以上に、説明におもしろさがあることが大事だ。

②得になるかどうかを考えるのは、学ぶ姿勢として間違っているので、そのような教え方をするべきではない。

③できないと大変なことになるので頑張るべきだと脅すのも、やる気を起こさせるよい方法だ。
④目からうろこ体験をさせるには、それまで考えてみなかったことやそれまでの価値観が崩れるようなことを知らせるのが大事だ。
⑤授業中に芸能やスポーツネタについて脱線するべきではない。

〈答〉 ①③④

〈解説〉
①おもしろさもわかりやすさ以上に大事だというのが、本書の立場だ。
②得になるというのも、おもしろさを増し、生徒の興味を引く大事な要素だ。
③このような脅しも時に有効。
④できるだけ、考えさせたり、価値観を崩したりする真実を教えることが大事だ。
⑤生徒が退屈している時には、むしろ脱線するべきだ。

■練習問題

英語の初心者に、英語にはRとLの区別があること、その区別が日本人には難しいことを説明したいと思います。できるだけおもしろく説明してください。

（解答例）

●「RとLの区別ができると、英語がわからない人にも、英語が流暢に聞こえますよ。これができないで、どちらも日本語のラ行で済ませていると、傍目にも、英語があまり上手でないとすぐにわかってしまいます」（できると得をすることを強調する場合）

●「RとLの区別ができないと、大変なことになってしまいますよ。レストランに行って、rice と言いたいのに lice といってしまうと、しらみを注文されたと思って、レストランの人は日本人はしらみを食べるのかと思ってしまいますよ」（できないと大変なことになると脅す場合）

●「RとLの区別ができると英語が途端に上達できるんだけど、実はコツがあって、それほどむずかしくないんですよ。これを同じラ行だと思うからできないので、別の音だと思うんです。RはHのハ行に近いと思うと、できるんですよ。ちょっとやってみましょう」（裏技があることを強調する）

●「私が初めてロンドンに行った時のことなんですけどね。タクシーに乗って、王族のいるところという意味でロイヤルファミリーのいるところに連れて行ってくれと英語で言ったんだけど、運転手さんはきょとんとしているばかりだったんだよ。何度言っても、不思議そうな顔をしているばかりなんだ。バッキンガム・パレスなどという言葉を連発して、やっとわかってもらったけど、後でわかったんだけど、僕は royal family と言うべきところを、loyal family って言っていたらしいんだね。royal と言うのは王族のという意味なんだけど、loyal だと、忠実なという意味になって、別の意味になってしまうんだね」（失敗した体験を強調する方法）

●「テレビキャスターで有名な○○さん、知っているよね。あの人、英語を流暢に話すということになっているけど、あまりうまくないんだよ。RとLの区別がついていないからね。時どき、インタビューしている時なんか、相手のアメリカ人は戸惑った顔をしているよ。それにひきかえ、アメリカに住んでいる歌手の○○

はすごいね。発音はとってもいいよ。RとLは完璧に区別できているね。今度テレビに出たら、注意して聞いてごらん」（芸能ネタを用いる方法）

●「これから、英語で質問しますから、答えてくれますか？ You eat lice? おや、あなたはシラミを食べるんですか。今、私は『あなたはシラミを食べますか』と聞いたんですよ。こんなふうに、RとLの区別ができないと、大変なことになるんですよ」（こちらから質問する方法を用いる場合）

第6章　わかりやすい説明をするには、どうしたらいいのか

これまで、うまく説明するための様々なテクニックを説明してきた。だが、テクニックの基本は、説明のわかりやすさだ。わかりやすい説明をしないことには、これまで述べてきたことはまったく意味を持たない。わかりやすい説明ができてこそ、ほかのテクニックも効果を上げる。

わかりやすく教えるには、以下のような点に注意することが大事だ。

(1)知っていることをすべて教えようとしてはいけない

最も悪い教え方は、知っていることをすべて教えようとすることだ。

たとえば、会社に行く道を教えるのに、「一つ目の交差点には右に銀行があり、左に酒屋がある。それを通り越して、次の交差点の左側には花屋がある。それも通り越して、三つ目の交差点の薬屋と靴屋の間を左に曲がって少し歩くと、四軒目に一階がラーメン屋になっているビルがある。そこを左に歩いていくとエレベーターがあるので、そこの三階まで上がると、エレベーターの正面にうちの会社がある」などと言うと、聞いている人は混乱してしまう。

それよりは、大事な点に絞って「三つの目の交差点の薬屋と靴屋の間を左に曲って四軒目のラーメン屋の三階にうちの会社がある」と言うほうが、ずっとわかりやすい。一時にすべてを教えても、頭に入るものではない。何であれ、順を追って、だんだんと深く教える必要がある。そうしてこそ、知識と技術を上手に伝えることができる。

大事なことだけをしっかり伝え、二次的なことや瑣末なことは、後回しにする方法がある。あるいは、二次的なものは資料にして配布する方法もある。いずれにせよ、すべてを教えよう、すべてを伝えようと欲張るべきではない。

ただし、この方法を用いる場合、二次的なことを頭に入れないままで済ます生徒が出てくる恐れがある。そのようなことのないように、確認テストをするなどの方法を取ることもできるだろう。

(2)できるだけ単純化して教える

詳しく知っている人は、「物事はそれほど単純ではない」と言って、複雑なことを説明したがる。そして、単純化した説明を否定的にとらえる傾向がある。

もちろん、現実は複雑であることが多い。それに、すでに基本を知っている人に対して、複雑なことを教えるのは正しい。単純に物事をとらえている人に対して、そのように簡単に物事は進まないことを知らせてやるのはよいことだ。

だが、相手がまだ基本的なことも知らないのに、初めから複雑なことを言ったのでは、理解してもらえない。最初は物事を単純化してとらえ、徐々に複雑な要素を理解してこそ、多くの人が全体像を的確に理解できる。

それに、私は物事の真実は単純に見ることによってとらえられると考えている。複雑な要素をできるだけ単純にとらえ、主要なものを明確にすることによって、物事の本質が見えてくる。複雑なことを複雑なままとらえることは、相当に頭のいい人でも難しい。まずは単純にとらえ、それに複雑な要素を組み合わせてこそ、複雑な事柄も理解できる。それゆえ、相手が初心者であるうちは、なるべく単純化して説明することが大事だ。

たとえば、日本の国会の勢力を説明するのに、公明党、共産党、社民党などの小さな党の説明は後回しにして、とりあえず「近年は、自民党と民主党の二大政党を中心に動いている」と言ってかまわないだろう。

小さなことは、まずは無視して説明し、それを理解できたところで、細かいところを付け加えてこそ、相手はしっかりと細かいところまで理解できる。

練習問題

次の説明を、焦点のしぼられたわかりやすい説明に改めてください。

①私は、新宿の中村屋の前でばったりと友だちに会ったんだけど、その人は市役所に勤めている人と、もうひとり最近、結婚のために会社を辞めたという女の人が一緒だったので、ついでだからみんなで一緒に食べに行こうかと言い出して、四

人で歌舞伎町の近くのタイ料理を食べにいって、とても意気投合した。

②自己または他人に危険がせまっている時、その危険を避けるために、やむを得ずにした行為にかんしては、そのために起こった害が避けようとした害の程度を超えなかった場合に限って、罰をうけないことになっている。

〈解答例〉

①新宿の中村屋の前で友だちと会ったのだけど、その人はほかに二人と一緒だったので、みんなで歌舞伎町の近くのタイ料理を食べに行って、意気投合した。

②自分かほかの人の危険を避けようとして相手を傷つけてしまった場合、避けようとした危険よりも小さかったら、罰は受けない。

(3)教える順序を工夫する

物事を教える時、大事になるのは、教える順序だ。思いついたままに教えても、うまくいくことはない。本にも章分けがある。それと同じように教える順序を考える必要がある。

教える順序には、次のようなパターンがある。

①単純なものから複雑なものへ

前項で説明したとおり、もっとも単純なものを最初に示し、その後に複雑な例を示す方法だ。これが教える時の基本だといっていいだろう。

英語を習った時のことを思い出していただきたい。最初に、短文、次にbe動詞……というように、基本的なやさしいものを最初に習い、次にそれを複雑にしたものを身につけていったはずだ。それと同じように、実際の使用頻度とは別に、やさしい事柄をしっかりと説明し、次にそれを応用した形を教えていくわけだ。

こうすることで、内容の全体像が理解でき、やさしいことから難しいことに無理なく移行できる。しかも、このような方法なら、物事を体系的に教えることができる。

英語の基本を教えるなど、学問領域全体を教えるような場合には、この方法がとられることが多い。

②大事な順に教える

最も大事なもの、最も使う頻度の高いもの、最も利益の大きいものから順に教えていく方法が一般的だ。たとえば、英会話を教える場合、最も使用頻度が高いのは、挨拶であり、自己紹介だろう。だから、そこから教えていくわけだ。

この方法をとると、最初に大事なものを教えるので、途中で実際に行動しなければいけない状況になっても、それまでに大事なことをすでに身につけているので、ある程度役に立つという利点がある。ただし、体系的に教えることにならないというマイナス面がある。体系的に教える必要のないものについては、この方法が適当だ。

③場面順に教える

もうひとつの方法として、場面順に教える方法がある。たとえば、英会話の本で、「空港」「飛行機の中」「ホテル」「お店」「コンサート会場」「パーティ」「友人との議論」などというように、場面ごとに勉強が進むようになっているはずだ。それと同じように、場面や物事の方向などによって、メリハリをつけて教えていく方法だ。こうすることで、頭にイメージしやすく、区切りがついて教えやすくなる。

(4)具体と抽象を織り交ぜる

物事を教える時、具体と抽象の両方を使い分ける必要がある。**抽象的なことだけ言ったのでは、聞いているほうは頭の中にイメージできない。逆に、具体的なことばかりでは、一般化できない。**

たとえば、「イチローは守備もうまい選手だ」と言っただけでは、知らない人にはイメージできない。「先日、私がテレビで大リーグの試合を見ていた時、イチロー選手は、ライトを守っていて、とうてい取れそうもないライナーが飛んできたのだけど、イチローは、ものすごいスピードで走ってきて、そのまま捕球して、即座に矢のような球をホームに投げて、走者をアウトにしたよ」と具体的に説明してこそ、聞いている人にも伝わる。

あるいは、「日本語は、英語などと比べると曖昧なところがある」と言うだけではわかりにくい。単数と複数の差がないこと、主語が示されないことがあること、最後まで聞かないと否定だとわからないことなど、具体的に例を示さなければ、聞いている人にはわかりにくい。

逆に、ある選手がこれまでヒットを打った時の状況について一つ一つ説明するよりも、「この選手は外角のストレートを得意としている」というように抽象化してこそ、聞いている者によくわかる。あるいは、「日本語では複数と単数の差がない。主語が示されない。最後まで聞かないと否定だとわからない」などの特徴を並べても、それだけでは「日本語は英語に比べて非論理的なところがある」ということが言いたいのだとわからない。

このように、抽象的に説明したら、そのあとにそれを説明するために具体的な説明を加える。具体的なことを語ったら、抽象化してまとめる。具体と抽象は両方があってわかりやすくなる。

ところで、具体例を示す場合、それは典型的な例である必要がある。別の要素が混じっていたり、典型的でなかったりすると、初心者には例として頭に残らない。どんな具体例を示すか、前もってしっかりと考えておく必要がある。

練習問題

次の文章を、具体性と抽象化が混じったわかりやすい文に改めてください。

①日本人は閉鎖的だ。だから、国際社会では損をしている。

②私の友人は、何かを食べたら、その記録をとっている。仕事についても、何かをする時にはきちんとノートをとって、次の時に備えている。物事を整理するのも得意で、彼に任せておくと、僕たちが乱雑にしていたものを全部整理してくれる。何をしても、そんな感じだ。

〈解答例〉

①日本人は閉鎖的だ。海外でも日本人だけで閉じこもって生活する人が多い。だから、国際社会で外国の人の中に入っていけず、自分たちの価値観だけを主張するので、それをわかってもらえずに損をしている。

②私の友人は几帳面だ。食べ物でも仕事でもきちんとノートをとって、次の時に備えている。物事を整理するのも得意だ。

(5)説明は新聞記事の要領でするとわかりやすい

何かを教える時、初めから細かいことを言い出すと、聞いているほうは理解できない。突然何を言い出したのだろうかと怪しむだけだ。それゆえ、まずしっかりとこれから教える内容を予告し、その後で少しずつ詳しく説明していく。そうすることで、内容が頭に入る。

そのような説明の仕方は、新聞記事をイメージするとわかりやすい。

新聞記事は、まず大きな見出しがある。次に、大まかに説明した「リード」と呼ばれる部分がある。そして、その後に本格的な記事が始まる。そして、しばしば最後にもう一度、大まかに全体をまとめて結論を述べる。

新聞記事と同じように、最初に大まかな全体像を示し、次にもう少し詳しく説明した後で、詳しく説明していく。最後にもう一度繰り返してまとめる。

図式化すると、次のとおりだ。

①ごく大まかに一つの文で、全体像を示す。
②もう少し詳しく全体像を説明する。
③もっと詳しく、全体を説明する。
④最後にもう一度、全体をまとめる。

要するに、ほぼ同じことを四回繰り返すことになる。このくらい繰り返さないと、初めての人は理解できないと考えるべきだ。

(例)
1　ベートーヴェンはフランス革命精神を体現する作曲家だ。
2　ベートーヴェン以前の作曲家は教会や貴族に仕え、教会音楽や貴族の儀式や娯楽のための音楽を作曲していたが、ベートーヴェンは貴族に仕えるのを嫌って、独立して自分の曲を売って生活するようになった。そして、音楽の中でも革命精神を体現した。
3　ベートーヴェンとゲーテがいっしょに散歩した時、貴族の行列と出会って、ゲーテが立ち止まって貴族に挨拶したのに対して、ベートーヴェンは堂々と歩いて貴族の挨拶を受けたといわれている。ベートーヴェンの有名な交響曲第五番「運命」には、そのような自主独立の思想がみなぎっている。神や貴族のいいなりになるような音楽ではなく、人間の力を誇示するような音楽だ。また、唯一のオペラである『フィデリオ』では、圧政に苦しむ民衆の勝利の場面を最終幕で描いている。

4　このようにベートーヴェンはフランス革命の考え方を音楽という形で示してくれた作曲家だったといえるだろう。

練習問題

サッカーをまったく知らない人がいます。その人が、テレビのサッカー中継を見て楽しめる程度にサッカーのおおまかなルールを四〇〇字程度で、ごく簡単に説明してください（もし、あなたがサッカーのルールを知らない場合には、あなたが知っているスポーツや勝負事のルールを説明してください）。

〈解答例〉

1　二つのチームがそれぞれ一一人ずつに分かれて、ボールを蹴って、相手方にあるゴールの中にボールを入れどちらが余計にボールを入れたかを競い合うゲームだ。

2　サッカー選手は原則として、手を使ってはいけない。足と頭を使って、味方にボールをパスして、相手のゴールに入れようとする。ゴールの前にいるゴールキーパーだけが手を使って相手からのボールが蹴りこまれるのを防ぐことができる。

3　二つのチームはそれぞれ、ボールを蹴って相手ゴールを目指すが、ボールがコートの外に出たら、その時にボールを蹴っていたのとは反対のチームの側にボールの所有権が移るので、そのチームの人がライン際から中に投げ込む。反則については審判が罰を与える。反則が行われた場所や悪質さの程度によっては、選手が出場禁止になったり、反則の行われた場所から、相手チームにゴールを目指す機会を与えられることもある。

4　このようにして、前半四五分、後半四五分の計九〇分闘い、点数をたくさん取ったほうが勝ちになる。

(6)無理やりにでも整理する

教える時には、項目を整理して提示することが大事だ。

たとえば、英語の分詞構文が出てきた時「分詞構文には四つの用法がある。同時性、譲歩、条件……」というふうに多くの人が習ったはずだ。そのような要領で、「三つの場合がある」「これには理由は三つある」「対外的には……。対内的には……」「歴史的にみると……。次に地理的にみると……」などの方法がある。

もちろん、時には連続していたり、相互に関係しあっていて、分けにくい場合もある。物事は入り組んでいるので、それほど単純には分けられない。実際にはむしろ分けにくいことのほうが多いだろう。だが、無理やりにでも分けたほうが、理解しやすい。

「本当を言うと入り組んでいて分けにくいのだけど、理解しやすくするために分けて考えると……」などと、前もって断った上で、分けて説明するといいだろう。

練習問題

野球を詳しく知らない人に「野球の監督は何をするのか」と聞かれました。整理して教えてください。

〈解答例〉

野球の監督の仕事は大きく分けて三つある。第一に、選手の指導である。コーチに指示を与えながら、選手たちの能力を伸ばし、選手が実力を発揮できるような環境を作る努力をする。第二は、チームの構想を明確にすることである。どのようなチーム造りをし、そのためにどの選手を起用するかを考える。第三は、試合中の選手起用と作戦である。選手の能力やその時々の調子を見極め、相手の選手との相性などを考えながら、どの選手をどのような場合に使うかを決め、局面に応じて作戦を立てる。この三つの能力を持ってこそ、監督の仕事ができるのである。

(7)二項対立を明確にする

私は物事の原理などを説明する場合、二項対立を明確にすることを重視している。

たとえば、小泉元総理の政策について誰かに教える時、その行動だけをくわしく説明しても、小泉首相の政策を理解しにくい。それよりは、どのような反対派がいるのか、その反対派に対してどのような行動をとっているのかを説明すると、その行動原理が理解できる。そればかりか、その行動の先までも読めるようになる。

「小泉元首相は、構造改革を行って、グローバル化を推進した。反小泉派の人たちは、構造改革よりも公共事業を行って不況から脱し、従来のような、国家が企業を助け、会社員も助け合うような社会であるべきだと考えていた。だが、小泉首相は官僚の無駄を省いて、競争原理を取り入れ、従来の社会を改革することをめざした」というように語ると、わかりやすくなる。もちろん、ここでも小さなところは省いて、単純に捉えて説明する必要がある。

野球やサッカーの監督の方針についても、選手の資質についても、正反対の人間、別のタイプの人間と対比させ、「攻撃重視の監督と守り重視の監督がいるが、この監督は守り重視だ。バッターには、ヤマをはって自分の好きな球種を待つタイプと、来た球に対応するタイプがいるが、この選手は前者だ」と説明すると、わかりやすくなる。

もちろん、二つの対立でなくて、時には三つのタイプ、あるいはそれ以上のタイプに分けることもできる。だが、わかりやすく、正反対の二つに分けて考えるとうまく行くことが多い。

練習問題

ある英語指導者は、英語の語順のとおりに読んでいくことの重要性を説いています。この考え方について、二項対立を意識しながら教えてください。

〈解答例〉

これまでの英語教育では、漢文の返り点のように、先に従属節を訳してから前の単語に戻って読み取ることが多かった。そのようにすることが正確に読むことだと思われていた。だが、英語の語順のとおりに読んでいくことの重要性を説く人は、それでは英語を日本語に当てはめて読み取っているだけで、正確に読んだことにならないと考える。英語圏の人は前から順に読んできちんと理解していくのだから、英語を勉強するからには、英語圏の人と同じ順番に読んでも理解できるはずだ。その能力を高めてこそ、英語をそのままに理解できることになる。そのように考えるわけだ。

(8)初心者には専門用語は使わない

どの領域を学ぶにしても、専門用語の習得は欠かせない。専門用語を使えるようになるかどうかが、その道を理解したかどうかの分かれ目だといえるだろう。専門用語を使えるようになった時、内容も理解できたといって間違いないだろう。だが、だからといって、専門用語を多用するべきではない。

最初に専門用語とその意味を教えて、内容を説明する教え方がある。多くの領域でそのような方法が取られている。入門書によっては、最初は専門用語の解説ばかりだというようなものも少なくない。

だが、私はそれには反対だ。そうすると、専門用語を覚えるのに時間がかかる。専門用語の習得がその分野に入りきれない理由になってしまう。これでは、内容も頭に入らない。

専門用語はなるべく使わずに教えることが大事だ。そして、ある程度、内容を理解した時点で専門用語を教える。そうすれば、専門用語もすぐに頭に入る。

(9) 必要不可欠な「なぜ」を説明する

人の説明を聞いて、なんとなく釈然としないことがある。わかったといえばわかったのだが、どうも納得がいかない、そんな場合だ。

そのような時には、大体において、「なぜ」を理解できていない時だ。いつ、どこで何をするかは、教えてもらった。それはいい。だが、なぜそんなことをするのか、もっと別な方法があるのではないか。そのような疑問が浮かんだ時、人はなんとなく釈然としない気持ちを持つ。

たとえば、フランス語など、多くの言語に男性名詞と女性名詞の区別がある。名詞はもちろん、名詞を修飾する形容詞も性によって変化するし、その変化形に、規則的なもののほか、不規則なものがある。フランス語を初めて学ぶ時、そうしたものをいくら説明されても、多くの人は、「なぜ、男性名詞と女性名詞の区別があるのだろう」という疑問から抜けきれない。それが解消しないことには、それらの規則を暗記する気持ちにならない。

したがって、生徒にきちんとわからせるには、「なぜ、そうするのか」「ほかのことではなく、なぜそれをするのか」について説明する必要がある。「理由などない」というのなら、それでもよい。何らかの形で納得させなければ、生徒は先に進めない。

先ほどの男性名詞・女性名詞の問題も、教師が「おそらく、原始宗教の影響だろうが、モノにも男性・女性があるとみなす文化がたくさんある。そのために、男性名詞、女性名詞の区別のある言語が少なくない。たまたまこれまで学んだ日本語と英語には、その区別がなかったが、区別のある言語のほうがむしろ多数派だ」などといった説明をすれば、大方の生徒はそれなりに納得する。

あるいは、どうしても納得できる説明が見つからない時には、「なぜ、男性・女性の区別があるのかわからない。ネクタイが女性名詞だったり、女性にしかない肉体の部分が男性名詞だったりして、わけがわからない。ともかく、そういう文法になっている」というような説明でもいいだろう。

だが、誰も疑問に思っていないのにわざわざ疑問をかきたてると、話を面倒にしてしまう。むしろ、必要不可欠なものに限定するべきだろう。

ただし、前に説明したとおり、理屈人間は余計な疑問を持つ傾向が強く、実践人間はあまり疑問を持たない。理屈人間だけに教えているわけではない場合には、それほど細かい理由はいわず、後になって理屈人間の質問を受ける形にするほうが現実的だ。

(10)学ぶ側に参加させるため質問をまじえる

前項で説明したとおり、理由を説明してこそ、聞いている人は納得できることがある。だが、教えられているほうとしては、すぐに頭に疑問は浮かばない。頭の回転の速い人は、意識化できるだろうが、ほとんどの人は、なんとなく疑問に思いながら、それを言葉にできずにいる。

そこで、**先生のほうから、「なぜ、そうなると思う?」「こうなると、どうなるだろうね」「次にどんなことが起こるでしょう」などと尋ねてみるといい。**そして、実際に生徒に答えさせる。そうすることで、生徒もそれについて考えるようになる。言い換えれば、話の推進の役割を果たす。しかも、こうすることで、一方的な話ではなく、生徒に参加させることになる。

もちろん、質問して考えさせるだけでもよい。あてて答えさせると、できない場合に恥をかかせることになる。生徒が若者の場合にはそれもいいが、かなり年配の、しかも地位の高い人に対してあてて、できなかったりすると、問題が起こる。そのような場合には、質問して、少しの時間考えてもらうだけにして、先生が自分で答えるのが好ましい。あるいは、自分から進んで発言する人がいる時のみ、その人にあてるのでもいい。

(11)上手なたとえ話を使う

話をわかりやすくするためには、たとえ話が有効だ。

未知のことを説明する時、すでに相手がよく知っているほかのことにたとえてみるわけだ。仕事を料理にたとえることもできるだろう。物理現象を人間関係にたとえることもできるだろう。あるいは、会社の組織をみんなが知っている野球チームの状況にたとえてみるのもいいだろう。取引先の担当者のキャラクターを、野球監督を出して説明するのでもいい。

私は「文章を書けるようになるのは難しいことではない」ということを説明するのに、「文章は自転車と同じだ。自転車に乗れない人は、乗れる人を天才のように思う。だが、だれでも一日か二日の練習で乗れるようになる。一度乗れるようになると、一生忘れない。それと同じで、文章も練習すれば誰でも書けるようになる」と言う。

そうすることによって、聞いている人はイメージしやすくなる。自分の体験を思い出して、それと重ね合わせる。上手なたとえを見つけて、うまく使う必要がある。

ただし、あまり安易にたとえを使うと、時に、相手をますます理解不能にさせてしまうことがあるので、注意が必要だ。たとえば、会社組織を説明するのに、野球チームのたとえを用いるとする。しかし、現実にはその組織には野球のような九人以上のメンバーがいなかったり、メンバーにピッチャーやキャッチャー、バッターのような役割分担が決まっていないような場合には、たとえは十分に機能しない。ほんの一部だけが重なって、ほかの部分ではかみ合わないことになってしまう。そうなると、むしろ、たとえはわかりにくくなる恐れがある。

そのようなことのないように気をつけてたとえ話を使うべきだ。

練習問題

次の状況を、たとえ話を使って説明してください。

①社長は周囲に耳を貸さず、周囲の幹部がどんなに止めようとしても、言いたいことを大声でしゃべり続ける。

②日本経済は大不況に陥り、お金が日本中に回らなくなってきた。とりわけ、地方に経済的な余裕がなくなり、大きな支障が出始めている。

〈解答例〉

①社長は、リモコンの壊れたテレビみたいだ。

②日本経済は大不況になって、血が全身に回らなくなっている。手足の先は冷たく

なっている。

復習テスト

以下の項目のうち、本書の主張と合致するものはどれですか。

①実際には複雑なことでも、そのままではわかりにくいので、生徒が初心者のうちは、細かいところは後回しにして、単純化して教えるべきだ。

②初めに大事なものを教え、だんだんと大事でないことを教えるのが原則だ。

③できるだけ具体的に説明してこそ、人は物事を理解できるので、抽象的にならないように気をつける必要がある。

④専門用語こそが大事なので、初めにしっかりと専門用語を理解させるべきだ。

⑤たとえ話を使うとわかりやすくなるので、うまく使うべきだ。

（答）　①⑤

（解説）

①そのとおり。
②そのような場合もある。だが、ほかにもいくつかの教え方がある。
③具体的なだけでもわかりにくい。抽象と具象の両方を織り交ぜることが大事だ。
④はじめのうちは専門用語を用いるべきではないというのが、本書の主張だ。
⑤たとえ話はわかりやすくする上で役に立つことが多い。

第７章

相手の学ぶ気持ちを高める

教えるという行為は、教師が生徒に強制しながらも、生徒が自ら学んでいく姿勢を作るという矛盾をかかえている。いくらわかりやすく教えても、それだけでは一方的に押し付けることでしかない。これまでも語ってきたとおり、教えるということは生徒の自ら学ぶ気持ちを高めることだ。**まずは一方的に教えながらも、うまく生徒が受身の立場から離れ、自分から進んで物事に対処するように仕向ける必要がある。**

本章では、生徒に自ら学ぶ気持ちを促すための方法を示すことにする。

(1)自分で発見するように導く

詐欺の手口に、「自分で発見させる」というテクニックがあると聞いたことがある。「今、投資すると儲かるから、投資してみろ」と勧めても、用心深い人は信用しない。だが、投資で儲かるということを裏付けるような証拠やデータを見るように仕向け、本人が自分でそのことを発見すると、自ら投資しようとするという。

もちろん詐欺を行うわけではないが、人を教える時にも、この人間心理を利用するに限る。**生徒に自分で発見するように仕向けるわけだ。そうすると、自分で納得し、自分で理解しようとする。**

そのためには、答えを導く少し前までヒントを出し、決定的なところは生徒が発見するように仕向けるのがうまい方法だ。

どのくらいまでヒントを出すかは、生徒の能力によるだろう。生徒が優秀であれば、ほんの少しヒントを出すだけで、独力で答えを導き出すだろう。優秀でない場合には、ほとんど答えに近いものを先生が口にしてやっと気づくだろう。だが、いずれにせよ、生徒に自分で気づいたように感じさせるのが大事なところだ。

私が中学生時代に習った理科の先生は、「どうなるかやってみろ」というのが口癖だった。生徒に疑問を出させる。それがない時には先生が疑問点を出す。「さあ、どちらが正しいだろう。実験してみよう」という態度だった。もちろん、理科だからそれが可能だったとは言えるだろうが、このような態度は教師には絶対に必要なことだ。たとえば、先生がデータを示して「このデータからこのようなことがわかる」と教えるのでなく、データを生徒にじっくりと検討させ、生徒にそれを読み取ってもらうのが好ましい。そして、「何か気づきませんか」と話を向け、ヒントを示した後、発見してもらうようにする。

ところで、もっと好ましいのは、生徒の読み取った以上のものを、その後、先生がそこから読み取って見せることだ。そうすることで、自分で発見すると同時に、いっそう高い次元があることも学ぶ。そして、いっそう先生の能力を信頼するようになる。

(2) 実践させながらわからせる

頭で理解しただけでは、人間の理解は浅いものにしかならない。本当に理解するには、それを実践する必要がある。頭で理解するのは、言ってみれば自転車の乗り方を理屈で知るようなものだ。いくら知ったからといって、自転車に乗れるようにはならない。いくら仕組みを知っていても、実際に使うことはできない。

実際に口に出したり、手を動かして書いてみたりして、学んだものが体の中に入っていく。頭だけでは学んだことにならない。体を使って、それが肉になる。知識やノウハウを肉にするには、体を使う必要があるわけだ。

たとえば、英語の in と on の使いわけにしてみても、頭で理解しただけでは使いこなせない。様々な場面で使わせてみて、やっと身についてくる。関係代名詞の使用法にしても、同じような問題をたくさんこなしているうちに、理解が深まってくる。

たとえば、私は大学や予備校などで文章指導をしているが、実際に生徒に書かせる前にどれほど書き方について細かく説明しても、ほとんど役に立たない。つまり、実際に書かせてみると、前もって注意したことが守られているものは少ない。

したがって、私は書き方をほんの一〇分ほど説明して、まずは書かせてみることにしている。そして、その後、厳しく添削して文章を返却し、文章の書き方をもう少し詳しく説明する。そうすることによって、やっと生徒は話に耳を傾けようとする。

実践してはじめてリアルなものとして考えられる。実践してうまくいかなかった部分があり、疑問に思った部分があってこそ、それについての対処の仕方を学ぼうとする。実践をしないのでは、リアルに考えることができない。だから、教えることが身につかない。

少し何かを教えたら、すぐにそれを実際に口に出してやらせてみる。書かせてみる。肉体を使って実践してみる。それを心がけてこそ、身についていく。

(3)教える側が手本を見せる

生徒に学ぶ意欲を促す究極の方法は、先生が手本を見せることだ。

私が生涯にわたって最も大きな影響を受けたのは、イタリア文学者の米川良夫先生だ。大学時代、私が関心を持つ作家を研究しておられる先生のお宅に押しかけ、一方的に不肖の弟子にしてもらってから、私生活を含めて何から何までお世話になった。現在、私が持っているもののすべての基礎を教えてくださったのは米川先生だったと言って間違いない。

先生の期待通りにイタリア語をものにすることもできず、フランス文学で大成することもできず、何一つ期待に沿えず、何一つ恩返しもできないまま先生が二〇〇六年に亡くなられたことが、今でも残念でならない。

だが、考えてみると、米川先生は決して教える名人ではなかった。それどころか、米川先生の説明は必ずしもわかりやすくなかった。私が質問をしても、先生の答えが丁寧すぎて、結局何が要点なのかわからなくなることもしばしばだった。しかし、私には最高の教師だった。

先生は何よりも私に手本を見せてくれた。文学や著作に対する愛情、物事をしっかりと考える姿勢、文章に対しても自分に対しても他人に対しても誠実を通す生き方。先生はその姿をじかに見せてくれた。若い私にはそれがまぶしく見え、私は少しでも近づきたいと思ったものだ。先生は遠慮がちな口ぶりながら、イタリア文学やフランス文学についていつも熱く語ってくれた。文学にどれほど素晴らしい世界が広がっているかを、先生を通して知ったのだった。そして、そのために、私は先生に次々と本を貸していただき、必死に読んだ。

英語を教える時には、自分がどんなに英語を愛しているかを語り、英語の楽しさを熱をこめて語る。それだけでも見本になるものだ。

私は米川先生の足元にも及ばないが、いつの日にか、私自身の生きる姿、私自身の勉強に対する姿勢が生徒の見本になれればいいと思っている。

(4)短期的目標を与える

やる気をなくす原因の一つに、目標が遠いことが挙げられる。

たとえば、フランス語やドイツ語、中国語などの新しい語学をマスターしようとする場合、少しばかり勉強しても、すぐにはできるようにならない。目標ははるか遠くであることを自覚して、意気阻喪する。そんな人が多いだろう。

語学に限らない。**目標が遠大であればあるほど、モティベーションを維持するのが**

難しくなってくる。それを防ぐには、短期的な目標を与えることだ。たとえば、「参考書の二〇ページをマスターする」、「〇月〇日までに××をマスターする」、「〇月〇日に発表会を行う」などといった目標を設定し、それに向かって努力する。それに成功することによって達成感が生まれる。着実に力が伸びていく。

　幼稚園や学校では、様々な行事がある。遠足、お遊戯会、ハイキング、運動会などなど。もちろん、それらは目標を持たせ、それをめざして努力するうちに個人の力を伸ばし、達成感を味わわせるという意味がある。すべての教育の基本はそこにあるといっていいだろう。

(5)ゲーム感覚で反復練習をさせる

何かを身につけるには、反復練習が不可欠だ。英語の単語を覚えるにしても、動詞の活用を覚えるにしても、ただひたすら丸暗記する必要がある。どうしても単調になってしまい、学ぶほうは身が入らない。

それを長続きさせるのにもっともよいのは、ゲーム感覚で練習させることだ。ゲーム感覚を取り入れることで、楽しみながら学ぶことができる。

ゲーム感覚でさせるには、次のような方法がある。

①競争

もっともシンプルなゲーム感覚といえば、競争だ。生徒が数人いる時には、誰が最も多くのことを覚えるか、誰が最も速く処理できるかなどを競い合わせる。こうして、競争意欲を高め、それと同時に、習得を定着させる。ただし、人数が少ない場合には、常に順位が一定になって、できる人とできない人が目に見えるようになってしまうので、その場合は注意が必要だ。

②時間を決めて、どれだけできるか

他者との競争ではなく、時間を決めてその間にどれほど覚えられるか、どれほど処理できるかを競うこともできる。この場合は、それ以前の自分の記録との競争ということになる。生徒が一人の時にはこの方法が使いやすい。

③見本とまね

先生が見本を見せ、生徒にそれをまねさせる。英語の発音などの練習の場合、普通にこの方法が使われる。ただし、ゲーム性を高めて、もう少し長い文やしぐさ、状況などを含めて、そっくりまねをさせるという方法もある。

④ロールプレイング

先生の見本を生徒がまねるのではなく、生徒同士に役割を与えて、ロールプレイをさせてみるのもいいだろう。たとえば、英語を教える場合など、生徒に会話をさせてみる。仕事の段取りを教える時も、この方法でシミュレーションを行うといいだろう。

⑤後を続けさせる

先生が見本ではなく、初めの部分を示して、その続きを生徒にさせる方法もある。先生と同じような調子で続けることをめざすわけだ。先生が発端を示すことで、状況を設定すると同時に、ある意味での見本を示すことができる。同じ調子で続ければよいので、生徒はやりやすい。

⑥間違い探し

英語のテストなどで、誤文訂正の問題を解いたことのある人は多いだろう。それと同じ要領で、間違い探しをする。雑誌でも絵の間違い探しなどが流行っている。人間、どうしても興味を引かれて、間違いを探そうとする。「この書類には、おかしなところが五カ所ある」などと予告して探させると、楽しんで勉強することができる。

⑦生徒から先生に教えさせる

人に教えると、自分の理解が深まる。しかも、教えようとして、自分の知識が不十分だということに気づくことがある。それゆえ、時には、先生と生徒を逆転させ、生徒に教えさせてみるといい。「このことを、私に教えてちょうだい」というように言って、教えさせてみると、その生徒はどこがわかっていないかがわかる。

(6)その場で暗記させる

私は、教えた時には、その日のうちに頭に入れさせるのが原則だと考えている。「復習は家に帰ってすればいい」「後で覚えればいい」「そのうち、まとめてノートを整理しよう」などと思っていたら、いつまでも身につかない。

大学や予備校での私の講義などで、受講者から録音の許可を求められることがある。家に帰って復習したいというので、だいたいは許可することにしている。だが、そのような人が成績がよいとは限らない。それに、長続きすることもない。家に帰って復習しようと思っても、それを続けられるものではない。時間の無駄にもなる。しかも、後で聞こうと思うと、実際の時間に集中しないことになる。

それよりは、**その時間にしっかりと精神を集中して、時間内に大事なことはすべて身につけさせてしまうことだ。**よほど複雑なことを暗記しなければならない場合には、宿題を出して、家でマスターするように勧めることもできるが、原則としてその場で覚えてしまうほうが時間の節約にもなる。

そのためには、その場で説明をするだけでなく、それを身につけさせる時間を設けると効率的だ。たとえば、英語の動詞の活用や単語などなら一〇問か二〇問ほど出題して、三分ほど時間を与えて、その場で覚えさせる。そして、すぐに生徒にさせてみる。そうしてこそ理解が深まる。

(7)様々な小テストをする

何かを教えた後には、必ず復習テストをするのが好ましい。それをしてこそ、知識が定着する。それをしないと、学習したことを整理できず、いつまでも定着しない。

小テストには、以下のようなものがある。

①終了間際の確認テスト

その日の最後に、教えた内容の重要ポイントをテストに出す。これを習慣にして、毎回必ず行うようにしておくと、教えている間も緊張感が持続する。

教えたことをすべて網羅する必要はない。最重要の事柄を五問くらい、穴埋め問題などの形式で出題する。全部できていれば、その問題に含まれなかったところもほぼできると判断してよい。そうでなかったら、十分に定着できていないことがわかる。

生徒本人が自分で判定するのにも役に立つ。

「四問できたら合格。それ以下なら、もう一度やり直し。合格した人から帰ってよい」と言う。そうすれば、生徒は気合を入れてテストに取り組む。数人いれば、置いてきぼりを食うのが怖くて、必死になる。

②開始時の確認テスト

毎回、テストで開始するという方法もある。その日までに必ず身につけておかなければならないこと、宿題として出したことが、定着しているかどうかを見るためのテストだ。

ただ、これをすると、宿題を怠った生徒が授業に出るのが億劫になり、ついサボりたい気持ちを起こすことがある。また、数人のうち何人かが仕事の都合などで遅刻する恐れがあるような場合には、この方法は使えない。

生徒全員の出席が義務化されており、遅刻の恐れがない場合にのみ、この方法は可能だ。

③短時間確認テスト

時間内に教えたことを、その場でテストする方法だ。初心者に英語を教えている場合、たとえば1から10までの数字の言い方を教えて、五分間時間を与え、その後、口頭で一人ひとり言わせる。そして、次に五分間与えて、今度は紙を配付して数字を英語で書くテストをする。

このように、一定時間を与えてからテストをする方法だ。

④中テスト

数回に一回、それまでの復習をするためのテストを実施することも大事だ。

たとえば、生徒はその日その日に習うことですでに頭は飽和状態にあり、次々と与えられる教材に溺れそうになっている。そのような時、復習テストをすることによって、それまで学んだことを整理して捉えることができる。そして、全体像を捉えつつ、暗記したり、身につけたりすることができる。

このようなテストは、生徒を判定することではなく、それまでの復習を促すのが目的だ。それゆえ、しっかりとテストをすることを予告し、復習させるように導く必要がある。

⑤抜き打ちテスト

文字通り、抜き打ちに行うテストだ。

もちろん、頻繁に行う必要はない。数回に一回、絶対に必要なこと、あるいは一度確認テストをしてできない人の多かった項目を抜き打ちでテストする。こうすることで、授業に緊張感が生まれる。

たとえば、自分の子どもに教える場合、テレビアニメを見ている途中、「今、ここに三人いるけれど、さっきいた八人がここに戻ってきたら、全部で何人になる?」というような算数の問題を出してみるのもいい。**ただし、抜き打ちテストによって判定を行ったり、これができなかったからといって厳しく叱るようなことがあってはならない。**また、テレビを見ながら自分の子どもに問題を出す時も、あくまでもゲーム感覚で、子どもが楽しんでするように仕向ける必要がある。アニメのストーリーを理解する邪魔になったり、子どもがうるさそうな態度を示したら、すぐにやめるべきだ。抜き打ちテストを恐怖に思ったり、心底から嫌ったりしたら、効果は少ない。ゲーム感覚で、楽しみながらテストをし、できなかった人にもきちんとフォローするように心がけてこそ、このテストは意味を持つ。

(8)うまく宿題を出す

場合によっては、学習内容を定着させるために宿題を出すのもいいだろう。宿題がよいのは、個人個人の時間を自由に使えることだ。教える現場では、先生と生徒の両方の時間なので、生徒の自由に使えない。まだ十分に定着できていないと生徒が感じていても、状況によって先に進まざるを得ない。だが、宿題は、ゆっくり立ち止まって考えることができる。

それゆえ、じっくりと時間をかけて定着する必要のある事柄や、時間のかかる作業が必要な場合に、宿題が役に立つ。

ただし、私は宿題を出した場合には、原則として、次に教える時、最初にその定着テストを実施するべきだと考えている。たとえば、英語を教える場合、単語帳から二〇ページほど覚えるように宿題を出して、次の時間の最初に、その範囲からの単語テストをするわけだ。そのように、宿題とテストを連動させてこそ、宿題は意味を持つ。

復習テスト

以下の項目のうち、本書の主張と合致するものはどれですか。
①教師が説明しすぎると生徒は自分で考えなくなるので、ある程度まで教えたら、後は自分で考えるように仕向けるべきだ。
②生徒が何かを実行する時、生徒を惑わせないように、先生がしっかりと説明して、そのあとで実行させる必要がある。
③楽しく勉強させるために、競争原理を取りいれるといい。時間を決めて、どれほ

どたくさん暗記できるかなど、ゲーム感覚でやってみるといい。
④抜き打ちテストは生徒を困らせるので、実行するべきではない。
⑤宿題を出したら、原則として、次に教える時に宿題に出したことが定着されているかをテストするべきだ。

（答）①③⑤

（解説）
①自分で考えることができるようにすることが、教える目的だということを確認してほしい。
②実行する前に理屈を教えても、学習効果がない。
③競争を上手にゲーム感覚で用いるのが、上手な教師だ。
④抜き打ちテストも上手に活用する必要がある。ただし、嫌がられないように注意する必要がある。
⑤そのとおり。

第2部

多数の人を教える場合、気をつけること

第一部では、少数の人間を教える時のコツを説明してきた。おそらく、誰もが日常的に少数の人を教える経験をするのに対して、五、六人以上、あるいは三〇人、五〇人、数百人といった多くの人を教える機会は誰にでもあるものではない。学校や専門学校、塾、予備校の教師、会社内の研修や集会の講師など、特殊な仕事についていたり、特殊な任務をたまたま命じられた人だけが、多数の人を教えるという経験をすると言えるだろう。

だが、近年、大勢の相手に教える機会が増えているのではないか。数百人を教えることはめったにないにしても、一〇人前後を教える機会は多くの人にあるのではないか。説明会のようなものは、様々な組織で行われているだろう。ただ、ほとんどの人が尻込みして、人に教える機会から逃げているのではないか。

したがって、ここでは、多数の人を教える羽目に陥っても、あるいは自ら進んで多数の人を教えるチャンスをみつけたとしても、尻込みしないで堂々と教えるためのノウハウについて解説する。

もちろん、相手が少人数だろうと大勢だろうと、基本的な教え方に違いはない。だが、相手が大勢である場合、いくつか別のテクニックが必要になってくる。

まえがきで、私は初めて塾で大人数の生徒を教えて、あれよあれよという間に生徒が減った経験をお話しした。その塾で教える前、私は出来のよい中学生を個人教授で教えて成果が上がったために自信を持っていた。そのため、そのノウハウをそのまま大人数に応用しようとした。出来のよい少数に教えるノウハウがそのまま大人数に通用すると思い込んでしまった。それが、その大失敗の最大の原因だっただろう。

少数を教えるのは得意だが、大勢になるとまったく統制が取れなくなる人がいるものだ。そのようなことのないように、大勢の人を相手にした時のテクニックを身につける必要があるのだ。

なお、第二部でも第一部と同じように、教える人間を先生あるいは教師と呼び、教えられる人間を生徒と呼ぶ。そして、生徒の集団をクラスと呼ぶ。研修などでは別の呼び方をすると思われるが、便宜上、統一した呼び方を用いることにする。

第1章
大勢を相手にする時の心構え

生徒が大勢になると、教えるテクニック以上に必要なのが、クラスをコントロールするテクニックだ。

どんなに上手な説明をしても、クラスをコントロールできていなければ、私語に包まれてせっかくの先生の声が生徒たちの耳に届かないだろう。生徒たちは説明を聞こうとする前に、聞く気力をなくしているだろう。

クラスを相手にする時、以下のような心構えを持つ必要がある。

(1)クラスをコントロールするのが第一歩

先生の中には、「できるだけ自由にさせたい。管理したくない」と言う人がいる。テレビの学園ドラマの中の人気のある教師も、ほとんどがそのような人物だ。だが、私はそれは甘いと考えている。

先生は何はともあれ、クラスを掌握しなければならない。それが義務だ。生徒の全員がやる気にあふれ、素直であれば、管理は必要ないだろう。だが、現実にはそのようなことはない。生徒の自主性を重視していたら、統率が取れない。いつまでも生徒の力がつかない。それよりは、生徒の自由を制限し、全体をコントロールするほうがよい。

もちろんコントロールの仕方は一律ではない。様々なコントロール法があってよい。厳しいコントロール法もあるだろうし、そうでない方法もあるだろう。だが、いずれにせよ、きちんとコントロールしなければならない。

「こちらを見てください」と先生が口にしたら、全員がその方向を見なければいけない。「始めてください」といったら、誰もが始めなければならない。それに従わない人がいないようににらみを利かせなければならない。

少数の人を教える時との最大の違いは、クラスをコントロールするテクニックがあ

ってこそ、授業が成り立つということだ。

(2)みんなに好かれようとしない

生徒全員に好かれるのがよい教師だという思い込みが全国に蔓延しているようだ。テレビドラマで扱われる先生も、みんなに好かれ、愛される先生だ。そのためもあって、先生の中に生徒全員に好かれようと考えている人がいる。だが、それは大きな間違いだ。

もし、相手が小学校低学年であれば、すべての子どもに好かれることも可能かもしれない。だが、相手がしっかりとした自我と価値観を持っていたら、みんなに好かれることなどありえない。どんなにわかりやすい説明をしても、それを「わかりにくい」と感じる生徒がいる。どんなに一人ひとりに丁寧に対応し、質問にも誠実に答えても、それを不十分だと判断する生徒がいる。逆に、その丁寧さを「うっとうしい」と思う人もいる。八割の人の共感が得られても、残りの二割とはうまく行かない。

それが当然なのだ。**一般的な人間関係でも、八割の人とうまくできれば、驚異的に**

人間関係をうまく運んでいるといえるはずだ。教師も同じだ。八割の人とうまく行けばそれでよしとするべきなのだ。

それなのに、一〇割を目指す人がいる。そうすると、どうしても厳しいことを言えなくなってしまう。嫌われることを恐れて、叱るべき時も叱れなくなる。生徒の機嫌を取るようなことを言ってしまう。逆にみんなになめられてしまいかねない。自分を嫌っている人が気になって、しっかりとした自分の教え方ができなくなってしまう。

私の知り合いに教える名人と言われる予備校の講師が何人かいる。私自身もかつて予備校で教え、「カリスマ講師」の一人でもあった。その人々は、私自身も含めて絶大な人気を誇ったり、合格者を次々出して、多くの人に信頼されたものだ。だが、その名人たちも、しばしば予備校アンケートやインターネットで「最低だ」「ひどい」「詐欺師だ」などと批判されている。

もちろん、そのような批判の中には、同業者のやっかみや嫉妬、意図的な営業妨害も混じっているだろう。だが、本気にそう思っている生徒もいるだろう。

私はそういうものだと思う。むしろ、素晴らしい教え方だからこそ、それに批判的な人、ついていけない人がでる。そうであるからこそ大多数の人に支持されているのだ。

もちろん、批判に耳を傾けることも必要だ。ウマの合わない生徒に対しても、しっかりと理解してもらう努力をするべきだ。だが、すべての批判に答えようとすると、自分の教え方の個性がなくなり、結局は魅力のない授業になってしまう。

みんなに好かれるような中途半端な教え方をするよりは、自分の確固とした教え方を確立するほうが大事なのだ。そのほうが圧倒的多数の力を伸ばすことができる。

(3)どこかに照準を合わせたら、ほかは切り捨てることも仕方がない

教師たるもの、生徒を一人として切り捨てるべきではないと考えている人が多い。だが、それもまた大きな間違いだ。

集団を教える場合、必ずそれについていけない人間が出てくる。みんなが勉強熱心なわけではない。みんなが優秀なわけではない。いわゆる「できない人」が必ず生じる。集団であるからには、そこに何らかの差ができるのは当然なのだ。

その場合、全員をできるようにしようとするべきではない。大多数を教えるからには、どこかに照準を合わせて、それに達していない人、あるいは逆に、はるかレベルの高い人は切り捨てるしかない。すべての人に照準を合わせると、誰にもわからない説明になったり、逆に、わかりきっていることを繰り返すばかりで時間の無駄の多い説明になってしまう。できない生徒を相手に時間を費やすと、できる人はそっぽを向き、退屈し、先生を信頼しなくなる。

とはいえ、もちろん、できすぎる人やできない人を完全に無視するわけではない。そのような人については、全員を対象に教えた後で個人的に相談に乗るなどの対応をとるのが望ましい。そして、特別の宿題を出したり、別の課題を与えたりといった対応をするとよい。もちろん、先生の側で働きかけをしたうえで、生徒がそれを拒否するのであれば、それはやむをえない。指導方針が生徒にあわなかったと考えるしかない。

(4)学ぶ側に、熱く訴えかける

少数を相手にする時には、無前提に先生と生徒の間のコミュニケーションが成り立っている。特に目を光らせなくても互いに相手が目に入る。努力しなくても、生徒の名前を覚えられる。だが、対象が多数の集団である場合、意識しなければコミュニケーションが薄くなる。

それゆえ、集団を相手に何かを教える時、教えるべき真実を提示するという態度では、生徒に伝わらない。教科書を読み上げるような授業では、相手が少数であれば、何とか成り立つが、そうでなければ、退屈して眠る人が続出してしまう。

何かを集団に教えるからには、内容の大事さ、おもしろさを熱く訴えかける必要がある。生徒たちの心に達するように、訴えかけ、心に残り、頭に残るように工夫しなければならない。

先生は真実を一方的に語る存在ではない。**先生の語る内容が生徒の頭の中、心の中に入って初めて、それは真実になる。だから、何とかして、教えるべき真実が成り立つように、生徒に訴える必要がある。**

復習テスト

以下の項目のうち、本書の主張と合致するものはどれですか。

①とりわけ社会人の生徒に対しては、できるだけ管理しないで、自由にしてもらうように心がけるべきだ。

②教師は生徒に好かれてこそ力を発揮できる。好かれていないことに気づいたら、好かれるように工夫するべきだ。

③二割くらいの生徒から好意を持ってもらえないのは当たり前なので、それほど気

にする必要はない。
④大勢を相手にする授業では、ターゲットから外れる生徒が出てきがちだが、そんなことがあってはならない。すべての生徒が理解できるように工夫するのが教師の義務だ。
⑤たとえ、生徒が大勢であったとしても、先生は生徒に向かって教えることの大切さを熱く訴えかける必要がある。

〔答〕 ③⑤

〔解説〕
①大勢を相手にする時には、何らかの形でコントロールする必要がある。
②教師は生徒に好かれることを目的にするべきではない。
③生徒とウマの合わないことがあるのはやむをえない。それを認めた上で対処する必要がある。
④ターゲットから外れる生徒が出てくるのはやむをえない。そのような人に対して

は、授業外の質問などで対処する必要がある。

⑤その通り。大勢であるからこそ、一人ひとりに訴えかけるつもりでいなければ、言葉が生徒に届かない。

第２章

クラスをコントロールするにはどうしたらいいのか

先ほど述べたとおり、クラスをコントロールしてこそ、わかりやすく、おもしろく指導できる。それがうまく行かずにきちんと教えることはできない。ところが、クラスをコントロールするのがむずかしい。しっかりと教えているのに、コントロールできないことがある。

以下、クラスをうまくコントロールするためのテクニックについて解説する。

(1)私語は絶対に許さない

集団を教える時、まず明確にするべきなのは、私語は絶対に許さないということだ。

「ちょっとした私語ぐらいかまわない」と考えて許していると、だんだんと私語が増えてくる。

私語だけならまだいい。「割れ窓理論」によって、私語が増えると、雰囲気全体がだれてきて、無断退席、遅刻なども増えてくる。だんだんと学ぶ雰囲気でなくなっていく。いわゆる「学級崩壊」状態になってしまう。そうした、クラスの雰囲気の最も根本にあるのが、私語だ。

それゆえ、**最初に教える時に、「私は私語を許さない。私語をする人は出て行ってもらう」と宣言することだ。**そして、私語をしているのを見つけるごとに、細かく注意を与える必要がある。時には、私語が完全にやむまで、先生が口を開かないという方法を使ってもいいだろう。

(2)どこまで許すか線引きをしておく

とりわけ若者に教える場合、私語をするだけでなく、様々な行為が目に付くものだ。私も大学で教えていると、態度の悪い若者を毎日目にする。

最も多いのは居眠りだろう。少し難しいことを説明し始めると、こくりこくりする人が目にとまる。中には、先生が教場に入った時から眠る姿勢をとって、そのまま最後まで顔をあげない人もいる。

いわゆる「内職」をする人もいる。大学であれば、ほかの科目の宿題やレポートを書いていたり、友だちのノートを写していたり。

また、まるで小学生のように、途中で無断退席する人がいる。退席理由を聞くと、ほとんどの人が「トイレに行きたい」と答える。だが、切羽詰っている様子はない。単に、授業前にトイレに行くなどして準備していなかったのか、実は別の理由を隠しているのか。最近では、携帯電話が鳴って、それを受けるためにあわてて退席する若者もいる。授業中にメールを確認する生徒もいる。

また、授業中の飲食もふつうに行われていることだ。お茶やコーラを飲むのならまだしも、大学の授業中にスナック菓子を食べようとする学生もいる。ガムを噛むのはごく当然のことだ。

これらをどこまで許すかは、先生の考えによって、状況によって、対象の年齢などによって異なっていてよい。だが、事情もなしに日によって異なっていたら、生徒も混乱する。ふだん叱らないのに、ある時突然叱ると、生徒は先生を情緒不安定と判断する。

もちろん、昼間働いている人が夜の研修を受ける場合などは、多少の居眠りは大目に見ていいだろう。翌日に大仕事をかかえているのに研修にやってきた生徒が、合間を見て翌日の仕事のための内職をしているのも、時には認めてもいいだろう。飲み物を机に置いて飲むのも許していいだろう。

だが、私個人の意見としては、居眠りも含めて厳しく対処するべきだと考えている。「そんなに眠りたいのなら、どこかで寝てきなさい。授業中に寝ると、クラスの雰囲気が悪くなるし、君自身もしっかり眠れないだろう。だから、すぐに教室を出て、どこかで寝てきなさい。目が覚めて、学ぶ意欲がわいてきたら、また参加しなさい」といって、生徒を起こすことにしている。

「ここは学ぶための場所だ。それ以外のことをしたければ、ほかのところでしなさい。ここにきて、参加しているからには、緊張感を持って参加しなさい」というのが、私のスタンスだ。

（3）三回目までに激しく叱る

第一部でも説明したとおり、三回目までに厳しく叱ってこそ、生徒はなめた態度を取らなくなる。緊張感が生まれ、やる気を出す。それゆえ、相手が集団である時もそのような原則を取る必要がある。

集団が相手である場合、激しく怒鳴るのも悪くない。生徒たちに、「温和に思っていた先生がこんなに激しく怒鳴ることがあるんだ」と思わせるわけだ。

怒っているところを生徒に見せるべきではないと思っている人がいる。もちろん、温和であることを通す方法もある。だが、私は時々怒鳴って、怖いところを見せておくほうが、クラスをコントロールしやすくなると考えている。

それに、**怒鳴ったところで、生徒の信頼を失うわけではない。確かに、怒鳴る人間を好きにならないかもしれないが、先に述べたとおり、好かれるために教えているわけではない。**

私語をする人、うるさい人、だらしない人に対しては、ほかの真面目な生徒も怒りを覚えていることを頭に入れておくべきだ。かなりの生徒は、「なぜ、先生はあんなひどい生徒に対して怒鳴らないのだろう」と思っている。先生が怒鳴ると、そのような生徒たちはむしろ先生への信頼を強めることになる。

(4)相手の名前を覚えることの利点

もちろん、一つのクラスに生徒がたくさんいる場合、あるいは、一人の先生がいくつものクラスを受け持っているような場合には、生徒の名前を覚えるのは難しい。かくいう私は、今でも毎週三〇〇人ほどを教えており、しかも昔から人の顔の認識能力に難があるため、残念ながら、なかなか名前を覚えきれなくなってきた。だが、人数が少ない場合には、しっかりと覚えてきた自負がある。

それゆえ、生徒数にもよるが、できるだけ生徒の名前を覚えるのが望ましい。名前を覚えることによって、生徒一人ひとりに対応できる。生徒を一まとめに把握するのでなく、その個性を把握していることをアピールできる。結果的に、生徒からの信頼感が増す。

名前を覚えると、もう一つよい点がある。叱る時、名指しで叱れることだ。叱らないにしても、生徒が眠そうにしている時、「山田君、眠そうだけど、大丈夫ですか」と声をかけることができる。「山田君、聞いてますか」「山田君、何かほかのことをしているみたいだけど、今、大事なことを学んでいるんだよ」などと、皮肉を言って勉強するように促すこともできる。

(5)ひいきしない、毛嫌いしない

集団を相手にする時に、ひいきしないというのが大原則だ。

小中学生のころ、クラスの可愛い女の子を男の先生が特に可愛がるといったことを経験した人は多いだろう。多くの生徒にとって、こんな不愉快なことはない。ほかの生徒がまったく同じことを言っても少しもほめてもらえないのに、気に入られている生徒が言うとべたほめされる。お気に入りの子ばかりがクラスの代表に選ばれたり、目立つよい役を与えられる。ほかの子どもたちはその他大勢に回される。そのようなことが日本中の学校で起こっているだろう。

逆に、先生になぜか嫌われる子もいただろう。ほかの人と同じようなことを発言しても、その子の場合だけは、なぜかケチをつけられて合格点がもらえない。なにかというと、叱られ、目の仇にされる。このようなこともあちこちで起こっているだろう。しかし、言うまでもないことだが、特定の生徒をひいきするべきではない。毛嫌いするべきではない。いわんや先生が生徒を絶対にいじめてはいけない。

ひいきや毛嫌いが起こると、クラスがぎくしゃくしてくる。生徒は公平に生徒を見てほしいと思っているのに、その原則が崩れる。意欲喪失に繋がってしまう。

状況によっては特別扱いしなければならないこともある。たとえば、社会人を相手に指導している時、目上の人に対しては、それなりに敬う必要がある。だが、それは必要最小限に抑えるべきだ。

(6)ムードメーカーを味方につける

集団になると、必ずムードメーカーが存在する。教室の前方に座り、先生が何かを言うと、大声で真っ先に答える。動きが大きく、人目に立つことをいやがらない。

このような人物は、本人が意識していようといまいと、クラス全体のムードを作る。その生徒がみんなに信頼されているかどうかは別問題だ。信頼されていない時でも、その生徒がだらけた態度を取ると、クラス全体がだらけてしまう。

それゆえ、**クラスをうまくコントロールしたかったら、ムードメーカーをうまくコントロールすることだ。**

ムードメーカーは先生の目にとまることを好む傾向が強い。だから、先生が声をかけてやることだ。「今日はどこからやればいいんだったかな」「山田さん、宿題はやってきましたか」「今日の内容は少し難しかったかな」など、進行具合を聞いたり、感想を言わせたりする。

また、本人が発表したがっているような時には、意見や成果を発表してもらう。もし、ムードメーカーが授業に退屈な態度を示しているようだったら、場合によっては注意をしたり、元気にさせるようなことをするのもいいだろう。

もし、ムードメーカーを味方につけないと、時に敵にまわることがある。大声で、「つまんないなあ」といったり、時には堂々と居眠りしたりするようになる。そうなってしまったら、クラス全体の雰囲気が崩れてしまう。

その意味でムードメーカーをしっかりと意識する必要がある。ただし、付け加えておくと、ムードメーカーを大事にするのはよいが、それが「ひいき」に見えないように注意する必要がある。先生としてはひいきしているつもりはなくても、生徒にはそのように見えることがある。

あくまでもムードメーカーとして使い、実際以上の高い評価を与えないように気をつける必要がある。

(7)「一回限りの原則」を守る

私は「一回限りの原則」を守っている。私が一回限りの原則と呼んでいるのは、様々なことで、次の機会にまで持ち越さないということだ。

たとえば態度のよくない生徒がいる。私語をしたり、内職をしたりしている。そのような時には私はひどく叱る。時には怒鳴ることもある。だが、それを次の回まで持ち越さない。**次の授業では、前回のことを蒸し返したりせず、何事もなかったかのように接する。**

悪かったことだけではない。ほめたことも、次の回になったら、リセットされてゼロにもどる。だから、前回よい成績だったからといって、次の回、少し成績が悪くても大目に見るわけではない。それまでの先入観を捨てて、毎回毎回新たに出発するのが、授業の原則だと思うからだ。

もちろん、実際にはこのように割り切るのは難しい。そして、後に説明するように、ふだんから優秀な生徒やそうでない生徒を頭に入れて説明をする必要がある。だから、先生としては、過去の生徒の状況を忘れるわけではない。

だが、できる限り一回一回の授業を完結したものとして捉えるべきなのだ。そうでないと、前回、大失敗した生徒、ひどく叱られた生徒が前回の状況を引きずって、楽しく勉強できなくなってしまう。

(8)受講者同士の交流を活発にする

大学で授業をしていて、活発で教えやすいクラスとそうでないクラスがある。言うまでもなく、教えやすいクラスでは、効果があがり、多くの人が学習内容をマスターする。教えにくいクラスでは、盛り上がらず、成績もあがらない。

最も大きな原因は、ほとんどの場合、ふだんからの交流の有無だ。クラスの中で交流があり、互いに顔見知りの生徒たちを相手に教える時には、場合によっては私語が増えてうるさくなる恐れがあるが、それさえコントロールできれば、かなり円滑に授業が進む。クラス内で競争意欲がわいたり、成績のよい生徒のまねをしようとする動きができる。お互いに勉強を教えあうこともある。それに引き換え、ほとんど交流のない、その時だけの寄り合い所帯が相手の時には、生徒たちはそのようなことをしない。黙って先生の話を聞き、そのまま帰っていく。力を伸ばす努力も少なくなる。習いに来る楽しみもなくなる。欠席勝ちの生徒も増えてくる。

逆に言えば、**もっと教えやすくし、効果を上げるためには、クラス内の交流を盛んにし、お互いに友だち関係になるように促すことだ。**

状況が許せば、教え初めのころに、「コンパ」をするのもいいだろう。そうすることによって、生徒同士の交流の場を作るわけだ。

すでに述べたとおり、先生と生徒は教場以外で個人的な交流を持つべきではない。だから、一緒に飲みにいくのは、あまり好ましいことではない。だが、生徒同士の交流を促すために場を提供するのは好ましいことだ。

宿題を出す時も、生徒同士の交流を促すことができる。生徒同士が話し合って、手分けして何かを調べてくるような宿題を出すのもいいだろう。あるいは、先ほど説明したロールプレイングを意識的にさせて、生徒同士に会話をさせるのもいいだろう。

いずれにせよ、生徒同士の交流を深めることを常に考えて行動するべきだ。

復習テスト

以下の項目のうち、本書の主張と合致するものはどれですか。

①私語などは一切許さないということを、できるだけ早く生徒にわからせる必要がある。
②今の時代、授業中に携帯電話を使うくらいは許してもよい。
③名指しで叱る必要があるのも、教師は生徒の名前を覚えておくべきだという理由の一つだ。
④ムードメーカーを叱られ役として、しっかり使うべきだ。
⑤前回、授業態度が悪かった生徒に対して、次の回にしっかりと注意する。

〔答〕 ①③

〔解説〕

①その通り。私語をしっかりと注意することが、クラスをコントロールすることの第一歩だ。

②携帯電話ももちろん許すべきではない。

③そのとおり。

④ムードメーカーだからといって、特に叱るべきではない。むしろ、上手にほめるほうがよい。

⑤前回のことを次の回に持ち越すべきではない。持ち越してしまうと、前回、うまく行かなかった人が授業を受けにくくなってしまう。

第3章

教えるスタイルを決める

私は先生というのも一つの演技だと考えている。私は、学校の外で教え子に会うと、ひどく恥ずかしく感じる。おそらく、女性が「すっぴん」の姿を見られたのと同じような恥ずかしさだろう。私は学校では「先生」という鎧を身にまとい、「先生」を演じている。別の姿、たとえば「夫」「父親」、あるいは単なる「個人」でいる自分を見られると、裸であるように感じてしまうのだ。

そうであるからには、私は先生を務める場合には、何らかの役作りをするべきだと考えている。何気なく裸で人前に立ってはいけない。「先生」であるからには、何らかのアピールが必要なのだ。そうであれば、何らかのキャラクターをつくる必要がある。そうしてこそ、生徒にアピールする。そうしないとキャラクターの曖昧な先生になってしまい、インパクトが弱い。教える内容が十分に伝わらない。

　もちろん、地の自分を基にして、以下のような先生像をヒントに自分の役作りを考えていただきたい。

(1)最もウケがいいのは元気タイプ

　もっとも生徒のウケがいいのは、元気で明るいタイプだ。軽いノリでしゃべりまくり、メリハリをつける。やる気満々、闘志が表に出るタイプだ。

　まず教場に入る時、大声で挨拶をする。「みなさん、こんちわー」でもいいし、「み

んな、ゲンキー?」でもいい。ともかく、声の大きさと明るさで生徒たちを圧倒する。生徒たちが返事を返してくれなくても、しらけていても、そんなことを気にしてはいけない。あくまでも元気に明るく話し続ける。

それができる人はこのタイプをめざすのがいい。私は二〇年間ほど予備校で働いたが、人気講師のほとんどがこのタイプだった。ただし、このタイプは若くなければできない。四〇歳を越したら、別のタイプを選ぶほうがよい。

(2)金八先生の人情家タイプ

面倒見がよく、情に厚く、親身に真面目に生徒に向かうタイプだ。武田鉄矢演じる金八先生の先生ぶりを思い浮かべればわかりやすいだろう。熱血であるが、元気さを売り物にするのでなく、人間関係に向かう。そして、熱をこめて人生について語り、生徒を立派に指導しようと必死に努力する。自分の昔話をして、生徒を感動させることもある。おせっかいを焼く傾向があり、困っている生徒、悩んでいる生徒がいると、ほうっておけなくなる。

このタイプは他人の心の中にどかどかと入っていく傾向があるので、うっとうしく感じて嫌う人もいるが、全体的には生徒に信頼されるために人気が高い。

このタイプは年齢の制限はない。若くても、年配でも、男性でも女性でも可能だ。ただし、もとから人間関係をうっとうしく思わずにいられるタイプの人でないと務まらない。

(3)ひたすら誠実で真面目な丁寧型

上手に教えるわけでもない。元気なわけでもない。しかし、ただひたすら誠実で真面目で丁寧に教える。学習内容を理解できずにいる生徒がいたら、一人残ってもらってわかるまで説明するし、生徒に質問されたら、とことん調べて誠実に答える。すべての仕事を丁寧に真面目に取り組む。真面目な学校の先生タイプだ。

このタイプは華々しさがないので、すぐに生徒から信頼されるわけではない。多くの人からの人気が得られるわけでもない。時には丁寧すぎて手際が悪いために、生徒をいらだたせることもあるかもしれない。だが、長期間付き合ううちに、信頼を得られる。しっかりと教え、誠実に仕事を行うので、間違いなく生徒は力を伸ばす。

このタイプは誰にでもなれる。だが、真面目で誠実な人間としての資質を持っている人間でないと、これを続けるのは難しい。

(4)ベテランにふさわしいどっしりタイプ

落ち着いており、あわてず騒がず、じっくりと物事を処理するタイプだ。フットワークが軽くないので、生徒と一緒に行動することは少ない。生徒を少し離れたところから見ていて、的確に判断し的確なアドバイスをする。生徒に対して優しい気持ちを持っていることが周囲にも伝わるために、信頼感が伝わる。

せっかちな生徒には少しのんびり屋に見えるが、落ち着いている分、信頼されやすい。あわてずに様々な角度から考えて結論を出す。教え方も堅実で要点を押さえている。生徒を教える時にも、性急に結論だけを語るのでなく、生徒がしっかりと理解できるように、じっくりと取り組む。

このタイプはベテランにふさわしい。ベテランを自覚している人は、意識的にこのタイプを演じ、穏やかで優しい先生を目指すといいだろう。

(5)おもしろい考え方のインテリタイプ

元気であるわけではなく、明るいわけでもない。むしろどちらかというと暗めで、理屈っぽく、時には皮肉屋。どちらかと言うと、ぼそぼそと教える。が、話の内容が知的で、生徒の興味を引く。おもしろい考え方、鋭い意見を言うので、生徒は人生の先輩に出会った気分になる。そのため、一定の信頼と人気を得ている。そんなタイプだ。

実は何を隠そう、私はこのタイプをかなり意識的に演じてきた。私は、明るく元気でもなく、さわやかな容姿でもない。丁寧さにも欠け、人情家でもない。そんな私にもできるのがこのタイプだった。

このタイプは、内向的で人前で話をするのが苦手なタイプでもできる。もちろん、年齢制限、性別制限はない。ただし、ある程度の学識は必要だ。少なくとも、「おもしろい個性の先生だ」と生徒に思ってもらえるだけの魅力は備える必要がある。

(6)気軽に相談に乗れる友だちタイプ

頼りになるよい先輩として生徒に接するタイプの先生だ。優しいお兄さん、優しいお姉さんとして生徒を指導する。学識の面では、ベテランには負けるかもしれないが、生徒と年齢も近いために、等身大で指導できるという強みがある。たとえ生徒の質問にきちんと答えられなくても、あるいは教えるのがあまり上手でなくても、これからしっかりと勉強していくことをアピールすれば、許してもらえる。

勉強に関しても、人生上の問題に関しても、気軽に相談に乗ることができる。生徒には心強くも親しみやすい先輩として振舞う。

ただし、生徒よりも一〇歳以上年上になると、このタイプは成り立たなくなる。それに、生徒と同じような関心や興味を持っている人間でなければ務まらない。

復習テスト

以下の項目のうち、本書の主張と合致するものはどれですか。

①多くの人の前で教えるのも一つの演技である。
②教師たるもの、元気に生徒に接しなければならない。
③丁寧に対応するのは誰でもできるので、みんなに進められるタイプだ。
④インテリタイプは誰でもなりやすいので、ほかのタイプの苦手な人が、これを目指すのが楽だ。
⑤若くてもベテランでも、友だちタイプの先生を目指すべきだ。

〈答〉 ①

〈解説〉
①そのとおり。
②そのほかのタイプの教師がいてもよい。
③丁寧に教えるのも、誰もができるわけではない。
④実際に知識がないと、このタイプをめざすのは難しい。
⑤友だちタイプは若くないと務まらない。

第4章 具体的な講義の進め方

では、集団を相手にする場合、具体的にどのように講義を進めていくか。これについても、少数の人を相手にする時と基本的には同じだが、時としてかなり異なる場合がある。本章では、集団を相手にする時の具体的な講義の進め方について解説する。

(1)相手のターゲットレベルを定める

前述したとおり、集団を相手にする場合には、そのクラスで最も多いレベルの生徒をターゲットにして、そこから大きく逸脱する生徒については個人対応で済ませるしかない。そこで、まず考えなければいけないのは、どのレベルをターゲットにするかだ。

想定したターゲットが実際のクラスのレベルよりも高すぎると、生徒のうちのあまり優秀でない人たちがまず授業についてこなくなり、雰囲気を壊していく。それにとどまればよいのだが、それが成績優秀な生徒にまで波及し、クラス全体がだらけてしまうことがある。

逆に、想定したターゲットが実際よりもレベルが低すぎると、一部の成績優秀な生徒が退屈し、だらけてくる。それだけならいいのだが、そうなると、刺激が薄れ、時には「あの研修に出ても役に立たない」という風評が立つことになる。

それゆえ、ターゲットを定めるのは慎重であるべきだ。**数回にわたって授業が行われる場合には、最初の一、二回はターゲットのレベルを定める期間と位置づけるといいだろう。**

もちろん、レベル設定に誤りがあれば、それに気づいた時点で修正すればよい。前もって予定したことを最後まで通すのでなく、相手の状況を見ながら、それに対応していくのが望ましい。

なお、レベル設定に迷う時には、やや低目に設定するほうが的確であることが多い。先ほども述べたとおり、教師はどうしても自分を中心に物事を考えてしまう。教えるうちに、生徒の力が信じられないほどなかったことに気づくという経験を、ほとんどの教師が何度となくしてきたはずだ。つまり、どうしても教師というもの、実際よりも高めの設定をしてしまう傾向がある。

しかも、レベルを高く設定しすぎるよりも、低く設定しすぎるほうが、実害が少ない。やさしすぎることを教えても、基礎力を養成するのに役に立つことが多い。難しすぎたらわからないことが増えてしまうのだが、やさしいことを確実に理解すれば、次のステップにつなげられる。高いレベルにいる人も、しっかりと基礎を理解しているとは限らないのだ。

ただし、生徒の大半が背伸びしてでもレベルアップしたいと強く願っている時には、もちろん、高すぎるレベル設定でもよい。その場合には、設定したレベルに生徒が達していないと自覚した時、それに追いつくように自分で努力することが期待できるからだ。

(2)レベルを知るために、最初にテストをする

生徒のレベルを知るために最もよい方法、それは最初に能力判定試験をしてみることだ。

大きなテストである必要はない。「実力を判定するため」などと口に出す必要もない。ほんのちょっとした、生徒が特に嫌がらないようなテストが好ましい。

私は、文章力を指導する場合、最初の時間にしばしば自由な字数で「自慢に思っていること」という題で文章を書いてもらう。自分自身のことでも家族やペット、母校、所属団体についての自慢を書く人が多い。それを読めば、生徒の文章力、語彙力、思考力がほぼ把握できる。

「これからの講義に期待すること」について書いてもらうのでもいいだろう。そうすることで、大体の生徒像がつかめるはずだ。あるいは、授業内容について、なにかのキーワードを示し、それについて知っていることを書いてもらうという方法もある。

いずれにせよ、簡単なテストで実力を把握することを心がけるのが望ましい。

(3)理解度を相手の顔つきで判断する

先生の中には、下を向いたまま、ぼそぼそと用意してきたノートを読み上げるだけの人がいる。だが、それではよい先生になれない。先ほども述べたとおり、生徒たちに熱く訴えかける必要がある。

そのためには、常に生徒の表情を気にかけることが大事だ。顔の表情を見て、教えている内容が生徒の頭の中に達していないと思われたら、もう一度、わかりやすく繰り返すなり、別の説明の仕方を採用するなどの必要がある。生徒たちがつまらなそうにしている時も、生徒の関心を引くような内容を話す必要がある。

いずれにしても、**生徒の顔の表情、態度が何よりも大事だ。それをしっかりと見てこそ、先生としての第一歩だといえるだろう。**

(4)作業をさせる

授業は先生が成り立たせるというより、生徒が積極的に参加して成り立つものだ。先生が一人で講義をしても、内容は生徒の頭には入らない。それどころか、だんだんと授業についていかなくなり、居眠りを始めたり、退屈して別のことを考え始めたりする。

最もうまい生徒参加は作業を行うことだ。**授業を計画する時、真っ先に考えるべきなのは、生徒にどの時点でどのような作業をさせるかだ。**一方的に先生の説明を受信するのでなく、問題を解いたり、説明されたことを実践したりする必要がある。

最も一般的には、問題を解く作業がある。たとえば、なにかの問題を出す。それを全員に解いてもらう。そして、有志の一人か二人にみんなの前でそれを発表してもらう。次に、そのほかの人にそれについての意見を発表してもらう。そして、できればそれを議論に発展させる。

私の見たある中学校の授業では、国語の時間に、教材となっている文章の中の接続詞を△で大きく囲み、その後の部分が筆者自身の主張と思われるものに○、筆者が反対している意見と思われるものに×をつけさせていた。そうして、反対意見を考慮しながら自説を展開していく入り組んだ文章全体の脈絡を追いかけさせていた。それなども、うまい作業のさせ方と言えるだろう。

私は、大学で「日本語表現法」という講座を担当しているが、そこではしばしば、敢えてよくない文章を示し、間違いを探させることが多い。論理的に矛盾の多い文章や、裏づけをしないで決め付けている文章、主張が曖昧になっている文章などを配付し、どこがどのようによくないか、どう改めればよいのかを考えさせる。もちろん、答えは一つではない。一つの答えを誰かが出しても、ほかにも数え切れないほどの答えがあることを指摘し、もっとほかの案を考えさせる。考えが出てこなくなったら、周囲の人と相談させて、新しい案を出すように促す。正しい答えを教えるよりは、このように一人一人に考えさせることで、力をつけることができる。

(5)発言の多いクラスにするにはどうするか

授業を活発にするには、質問や意見がどしどし出るような雰囲気を作ることだ。ところが、これがなかなか難しい。とりわけ日本人は自ら発表しようとしない。質問もしない。「意見はありませんか」「質問はありませんか」と促しても、静まり返ったままであることが多い。

そのような状況を改めるには、以下のような方法がある。

①つまらない意見でも尊重する

私は、「良い意見を言おう」「みっともない質問をしてはいけない」という意識が強すぎるところに問題があると考えている。それゆえ、そのような思い込みをなくせば、もっと自由な意見が出てくる。

そのためには、たとえば**私は初めに「どんなつまらない意見でも恥ずかしがる必要はない。よくない意見を出してくれることも、悪い例として使えるのでありがたい。あえて悪い例を出してくれるのでもいい」と説明する。**そして、ブレーンストーミングのように、思いつくことをとりあえず言ってくれるように勧める。そして、それに対して「よくない」とは言わない。質はともあれ、たくさんの量の意見を出すことをめざす。

②グループ単位にする

個人では意見を言わなくても、グループに分けて作業をさせると、活発になることがある。小中学生のころ、グループに分かれて作業をした人も多いだろう。そのような要領だ。

一つのグループを四、五人にして、それぞれグループごとに活動させ、グループごとに意見をまとめたり、調べたりして、それを全体で発表する形をとる。そうすれば、みんなの前で発表するのが苦手な人であっても、グループの数人を前にすれば、自由に発言できる場合が多い。そして、グループ内で一度話し合われたものであれば、それをグループ全体の意見として発表しやすくなる。

③発言を成績に加味する

数年前のことだが、私も大学生の文章力を養成するための講義を持たされ、いくら促してもクラスが活発にならないことに悩んでいた。そんな時、中学校の研究授業を見て、それを真似ることにした。それ以来、かなり活発になった。その方法というのは、発言を成績に加味するというものだった。

具体的には、何らかの質問や発言をした人に、その都度、紙切れを渡す。その紙切れが四枚たまったら、試験の点に一点プラスする。それを一年間続ける。

そうすれば、活発に発言する生徒は年間で一〇点や二〇点のプラスになる。それを求めて、一部の生徒は先を争って発言するようになる。それにつられて、おとなしい生徒たちも発言が当たり前のものになっていく。

④ムードメーカーを利用する

ムードメーカーがやる気を起こして自ら意見を発表するような場合、それを盛り立て、もっと意見を言うように促すのがうまい方法だ。よくしたもので、ムードメーカーは、とりわけ鋭い意見を言うタイプでないことが多い。そのような人の意見は、もっとたくさんの意見を掘り起こすのに役に立つ。あまりに鋭い意見が出ると、そこで終わってしまって、クラスが活発にならない。活発にするためには、それほど的外れではなく、一〇〇点満点でもない意見がたくさん出るのが好ましい。

ムードメーカーの意見を否定するのでなく、「なかなかおもしろい意見だけど、もっとほかの意見はありませんか」というように、別の意見を促すといい。少しヒントを加えて、「もっと……の面から考えると、おもしろい視点がうまれると思いますけど」などと言ってもいいだろう。

⑤おとなしい生徒を指名する

自主的な発言ばかりを待っていると、どうしても特定の生徒に偏ってしまう。活発な数人が常に発表し、おとなしい人たちはまったく蚊帳の外になってしまいがちだ。

それを避けるためには、先生が無理やりにでもおとなしい生徒を指名するしかない。おとなしい生徒たちはそれを嫌がっているというよりも、自分からは発表する勇気を持たず、むしろ指名されるのを待っていることも多い。それゆえ、指名するのをためらうべきではない。

ただし、指名する時には、できる限りほめることだ。「なぜ、こんないい意見を指名されるまで黙ってたの？　ちゃんと言わないと伝わらないよ」といった感想を付け加えると、生徒の自信につながる。

⑥後ろのほうにいる生徒に話しかける

ぎくしゃくしているクラスを和ませるのに、もう一つ有効な手がある。それは後ろのほうにいる生徒に話しかけることだ。

先生の近くに座っている生徒は熱心なことが多い。遠くの席に座って、斜に構えた雰囲気でいる生徒は、ほとんどの場合、あまり意欲がない。あるいは、少なくとも自分の意欲を外に示そうとしていない。そのような人たちをクラスに引き戻してこそ、クラスは一体感を持ち、質問しやすい状態になる。

そこで、後ろのほうの席の生徒に話しかけるのがうまい方法だ。「なぜ、後ろのほうにいるの？　もっと前に出てくるほうが、よくホワイトボードの字が見えるよ」というのでもいい。あるいは相手が社会人の時には、もっとくだけて、「センスのいい服ですね。どこで買ったんですか」などとファッションについて話すのでもいい。

個人的なレベルでの話を向け、少し話をして、雰囲気を和ませる。そうすれば、その人だけでなく、後ろのほうに座っているすべての人が、クラスに参加していることを自覚させられる。しかも、先生も後ろのほうを気にかけていること、後ろの席だからといって居眠りできないことも知らせることができる。

(6)板書を工夫する

私は、生徒がノートをとることをそれほど重視しない。ノートをきれいにとることに気をとられると、肝心のことを聞き落とすことさえある。多くの生徒が、ノートをきれいにとることを最大の目的にしている節がある。

とはいえ、ノートをとることも大事なことだ。ノートをとるのも一つの作業だ。それをすることによって、授業に参加できる。ノートをとらずに聞いてばかりいると、中には睡魔に襲われる生徒もいる。

それゆえ、先生としては、生徒がしっかりとノートをとって授業に参加できるように、黒板(現在ではホワイトボードのほうが多いだろうが、便宜上、黒板で通す)に授業内容を書く必要がある。

ただし、黒板にすべてを書く必要はない。黒板に書くのは、重要なことを図示するようにし、そこに生徒が自分でメモを埋められるようにする。

(7)前もって授業シナリオを作る

うまく授業を運ぶための秘訣、それは前もってある程度のシナリオを作っておくことだ。初めに何を説明し、生徒にどんな作業をさせるか、そこからどのような結論を導き出すかを考えておく。

ただし、生徒はこちらで意図するとおりに反応してくれないものだ。先ほども説明したとおり、生徒をできるだけ参加させてこそ、授業は活発になり、生徒は知識を自分のものにできる。ところが、生徒がうまく反応してくれないと、先に進むことができない。

そのような場合には、うまく誘導することが大事だ。

前もって理想的な生徒の反応を考えておく。最も優秀で最も鋭い生徒の理想的な意見と考えていいだろう。そのような意見を生徒が出し、先生がそれを受けて説明するのが理想だろう。そこで、生徒の意見をうまくそのような理想的な意見に誘導する。

少し強引に生徒の意見をその方向に捻じ曲げるのでもいい。「なるほど、山田さんの意見は、つまり……ということですか」というように、拡大解釈して、それを理想的な意見にしてしまうわけだ。それがあまりに白々しい時には、「山田さんの意見はいいところを突いているんですが、これをもう少し……について考えてみたらどうなりますか」などと、理想の意見に向けて誘導するわけだ。

もちろん、これを毎回やると、魂胆が見え透いてしまう。だが、時々行えば、先生のもくろみは生徒にも伝わる。生徒はだんだんとコツを会得していく。

ただし、前もってシナリオを作っていることには弊害もある。

それは、シナリオに沿わない鋭い意見が生徒からもたらされた時、それを無視してしまう傾向があることだ。そうすると、先生の一方的な講釈になってしまって、授業の意味がなくなる。生徒から鋭い意見が出た時、臨機応変にそれに対応することが望ましい。それを取り上げる余裕がない時には、「それもおもしろい意見なので、後で考えたいけれど、今日は、ほかのことをやってみよう」と対応するとよいだろう。

(8)指名も戦略的にする

授業であれ研修であれ、私は事情が許す限り、先生の一方的な話ではなく、生徒に発言してもらうべきだと考えている。そのためには、しばしば生徒を指名する必要がある。誰かをあてて発言してもらうわけだ。

その場合、上手に指名しないと全体のプランが崩れることになる。

最も一般的なのは、初めのうちは、何はともあれ活発に発言してくれる生徒を指名し、徐々に様々なタイプの生徒に振って、そこで好ましい答えが出てこなかった時には、最終的に優秀な生徒を指名する方法だ。最初から優秀な生徒を指名すると、そこで正しい答えが出て終わってしまう。時間がない時はそれもいいが、一般的には、まずは様々な意見を出させて、みんなで考えさせるほうがよい。

ただし、このようなやり方があまりに生徒に露骨に見えると、生徒は自分に対する評価がどのようなものかを知って、意欲をなくす恐れがある。偶然を装って、うまく先ほど説明したような当て方をするか、時には別のやり方をする必要がある。

(9)芸能ネタをうまく交ぜる

生徒はしばしばだれる。それは少人数に教える時の比ではない。人数が多いと、生徒は、自分一人がだれていても問題ないだろうと判断して、居眠りしたり、ぼんやりしたりする。最初から最後まで熱心に話を聞いてくれる生徒はまずいないと考えておくほうがよい。したがって、時々生徒が興味を引くことを話して、気分転換を図る必要がある。

しかし、だからといって雑談ばかりをするわけにもいかない。できれば、教えている内容とからめたい。そんな時には、芸能ネタを交ぜるなどするのが、うまい方法だ。少人数の時にも芸能ネタは有効だが、人数が増えると、むしろ不可欠といえるだろう。たとえば、英語を教えている場合なら、和文英訳の問題に歌手の離婚やスキャンダルを織り交ぜてみる。会社のシステムを説明している時も、芸能人を例に取り上げる。そうすれば、眠そうにしていた生徒も目を覚ます。しばらくは興味を持って聞く。ただし、あまりに多用すると、むしろ生徒をしらけさせてしまうので、時々、ここぞという時にとどめておくほうがよい。

(10)どんな雑談を交えるのが効果的か

生徒が退屈している時、教えている内容から脱線して、雑談を始めるのも、教える技術として大事だ。

自分が中学生、高校生だったころのことを思い出してみる。先生に教わった教科の内容以上に、先生自身の体験談、失敗談、自慢話などのほうを鮮明に記憶しているのではなかろうか。野球が大好きでひいきチームが勝つと機嫌がよく、野球談義をしていた先生。若いころの恋愛話を猥談まがいの話術で話してくれた先生。そして、年に数回、南の島での壮絶な戦争体験を涙ながらに話す先生、シベリアでの抑留生活を面白おかしく話す先生。そんな先生の話を聞かされたものだ。当時はうんざりする面もなくはなかったが、それから四〇年以上たつ現在、なぜかはっきりと記憶に残っている。

雑談をばかにしてはいけない。これこそ先生の人間らしさを示し、教科への親しみを増す。そして、生徒たちの目を覚まし、気分転換になる。
雑談は何でもいい。先生自身が関心を持っていること、言いたいことを話せばよい。
ただし、一つだけ条件がある。それは、何らかの形でおもしろくなければならない。
生徒が興味を覚えるものでなければならない。だが、実はそれが一番難しい。
なお、雑談は長くても五分を限度とするべきだ。それを超すと、時間の無駄になる。
聞いているほうも退屈する。
次の点を考慮して、雑談の内容を考えてほしい。

①生徒の知らない情報
生徒が知らない新しい情報が含まれていれば、それはおもしろい雑談だ。会社の研修で「実は、うちの会社の社長は高校のころ駆け落ちした」という話でも、それが許されるのならかまわない。あるいは、芸能ネタ、スポーツネタでもいい。

②生徒にはない体験
大変な目にあった人の話は誰もが興味を持つ。強盗に出遭ったことがある、死体を

発見したことがある、ＵＦＯを見たことがある……といった体験談が望ましい。ただし、それほど大事件でなくても、ちょっとした夫婦喧嘩、町で見かけた不思議な風景などでも、十分におもしろい話になる。

③生徒たちとは異なる意見

生徒たちとまったく異なった意見を口にするのも、新鮮な雑談になる。「新聞ではこういわれているが、私は別の意見を持っている」「私の説では、こうだ」というような話をする。時には、若者を相手にして、「君たちには、あの歌手が人気のようだが、それよりも昔の歌手のほうがよかった」というようなミーハーな意見でもいい。もちろん、その意見が斬新で独創的である必要がある。スポーツ新聞でみんなが言っていることを繰り返すのでは、それは陳腐な雑談になってしまう。

④深い人生観

しみじみとした人生観を語るのも、雑談としては高レベルだ。自分が発見した何らかの人生観について語るわけだ。ただし、このような人生観を語れるのは、生徒よりも先生のほうがかなり年齢が高く、学識がなくてはならない。年上の社会人を相手に人生観を語ると、むしろ不遜になってしまうだろう。また、この種の話は、生徒との間にあまりに大きな年齢差があるような場合には、むしろしらけさせてしまう。中学生や高校生が対象である場合、しみじみとした人生観が通じるとは思えない。

⑤笑わせる

雑談の理想は、生徒の全員が笑うことだ。五〇分間なにかを教えるとすれば、その間に、せめて五回くらいの笑いがほしい。授業プランを作ったら、その際、ぜひとも、どこで何を話して笑わせるかも考えるのが望ましい。

だが、実は人を笑わせるのは難しい。いかに難しいかは、プロのお笑い芸人でも、少しもおもしろくなく、そのために売れていない人々がヤマのようにいることを考えただけで、すぐにわかることだ。

とはいえ、誰でもある程度人を笑わせることができることが一つだけある。それは失敗談だ。人間、一度や二度はとんでもない失敗をしたことがあるだろう。それを面白おかしく話す。

ただし、これについてはセンスとしか言いようのない面がある。テレビでお笑い芸人の話術をしっかりと見て、それを少し真似てみるのもいいだろう。

⑥得意ネタを作っておく

これならいつでもウケるという得意ネタを作っておくと、教える時に便利だ。相手が退屈そうにしている時、眠そうな様子を示した時、その時得意ネタを出して興味を引くことができる。

得意ネタを一〇ほど持っていれば、うまく本来の話と結びつけることができる。こうすれば、人前で話をするのは怖くなくなる。教えるのも怖くなくなる。相手の顔を見ながら、うまく見計らって、得意ネタを出すわけだ。

ただし、得意ネタというのは、教える内容を活気付かせるためのものだ。文字通り得意になってネタの話をして、本来の話を忘れたのでは仕方がない。

得意ネタというのは、笑える話でもいい。雑談として紹介したタイプのものでもいい。場合によっては、本やインターネットで拾える小話でもいい。陳腐でない話をストックしておくといい。

(11)怒鳴って、短く説教する

どうしても生徒が活気付かず、いつまでもやる気を見せないことがあるものだ。テストめいたことをしても、ほとんどの生徒が期待とかけ離れた成績をとることもある。これまで語ったようなテクニックを用いて立て直しを図るが、どうしてもうまく行かない。そんなこともある。

そのような時、最後の手段として、怒鳴って説教する方法がある。

文章指導をしている時、みんながあまりに上達しないような場合、私は時どき腹に据えかねて、次のように怒鳴る。

「おい、君たち。この成績を恥ずかしいと思わないのか。このままでは、君たちの文章力は、社会で使い物にならない。会社でこんな文章を書いていたら、バカと思われて信頼してもらえないだろう。今、きちんと勉強していれば、すぐにしっかりした文章が書けるようになる。鋭い考えもできるようになる。一人前の社会人として恥ずかしくない文章を書けるようになる。なぜ、今、それをやらないんだ。これまで私は何千人と教えてきた。君たちほどひどい連中は初めてだ。これまでの学生は、最初は君たちよりももっとひどい人がたくさんいた。だが、そんな人も一生懸命努力して、上達した人がたくさんいる。君たちは、どれだけの努力をしたのか。私が教えた今までの生徒は、努力するからできるようになった。君たちの中で、努力をしていると自信のあるものはいるか。バカでいたくなければ、今すぐ努力しろ。バカのままでいたいんなら、サボって遊びほうけていろ」

ただし、説教はとりわけ長引かせてはいけない。最大に長くても五分。できれば三分以内で終わらせたいものだ。

(12)質問をしっかりと受ける

多くの人の信頼を得、しかも、一人一人と深いコミュニケーションをとる方法として、質問時間がある。**全員を相手の授業が終わったら、必ず質問タイムを設ける必要がある。そこでこそ、先生としての信頼を得ることができる。**

最も好ましいのは、生徒の質問に即座に的確な答えを示すことだ。難しい学習上の質問であればあるほど、生徒からの信頼を得られる。だが、それはなかなか難しい。慣れてくれれば、同じような質問を受け続けるだろうから、すぐに答えられるようになるが、はじめのうちは予想もしなかった質問にたじたじとなることが多いだろう。

その場合には、二つの方法が考えられる。一つは、すでに教えたことや持論として持っていることと関連付けて答えることだ。「さっき話したように、……なのです。ですから、この場合も同じことが言えます」というような答えになるだろう。

それができない時には、さっさと諦めて、「それについては考えたことがない」「それについては、知らない」と素直に認めるほうがよい。そして、その上で、「家で考えてくる」「調べてくる」と約束する。

もちろん、約束したら、それをしっかりと実行するべきだということはいうまでもない。

生徒の中には、気が弱かったり、話をするのが苦手だったりで、面と向かって話をできない人がいる。そのような人向けに、先生が自分でブログを作り、そこに質問や意見を寄せてもらうようにするのもうまい方法だ。

インターネットなら、かなり自由に意見や質問を書くことができる。意見などは原則として公開にし、それについて多くの生徒が自由に議論できるようにしておく。

しかし、もちろんなかには自分の意見を外部から見られたくない人もいるだろう。外から見られる部分と、ブログの管理者以外は見ることができない部分の両方を創っておくといいだろう。

実際にはそれほど利用者はいないかもしれない。中には悪質な書き込みをする人もいるかもしれない。悪質な書き込みについては、管理者が責任を持って削除するべきだろう。だが、いずれにせよ、そのような場を持つことによって先生と生徒の交流が増え、風通しがよくなることは間違いない。

復習テスト

以下の項目のうち、本書の主張と合致するものはどれですか。

①クラスのターゲットのレベル設定をする時、実際よりも低すぎるところに設定するよりも高すぎるほうがよい。

②レベルの低い意見ばかりが出ると、クラスの雰囲気が悪くなるので、レベルの高い意見を発言するように工夫する必要がある。

③前もってシナリオを作っておいて、それに合わせるように生徒を誘導するのが、うまい授業の進め方だ。
④一般的に、生徒を指名する時、優秀な生徒は最後のほうにするのが望ましい。
⑤説教をすると生徒に嫌がられるので、絶対にしてはならない。

（答） ③④

（解説）
①ターゲットの設定はもちろん的確なのがよいが、高すぎるよりは、低すぎるほうがよい。
②レベルの低い意見も出させて、自由に発言できるような活発な雰囲気をつくる必要がある。
③そのとおり。シナリオを作っていないと、計画的に授業を進められない。
④そのとおり。初めから優秀な生徒を指名すると、様々な意見が出なくなってしまう。
⑤説教も時に必要。

あとがき

家庭教師を含めて、私が「教える」という行為を仕事として始めてから、すでに三〇年を超す。冒頭にも書いたとおり、私は最悪の教師として出発した。現在では、当時に比べると飛躍的に教える技術を身につけた、と自分でも思っている。

だが、今でも私は生徒たちを前にして冷や汗をかくことがある。授業の組み立てに失敗して、建て直しに苦労することがある。ウマの合わないクラスに遭遇して、頭を抱えることもある。

生きている人間に教えるからには、それは当然のことなのだ。そして、だからこそ、教えることとの大事さがあり、その難しさがあるといえるだろう。そして、教えることの醍醐味があるとも言えるだろう。

本書の中に私は教師業の三十数年の成果をまとめた。だが、これはすでに教える仕事を卒業した人間の偉業の記録ではない。日々悩み、何とかもう少しうまく教える方法はないものかと模索している人間の、これまでの苦労の記録にほかならない。

多くの人に、本書の内容を参考にして、自分の子供に、あるいは会社の部下に、時には配偶者や友人たちに、学校での学習内容や自分の持っているノウハウを教えてみてほしい。そして、もし本書の内容を実行してうまくいかなかった例があったら、お知らせ願いたい。どうすれば効果が上がるのかを一緒に考えたいと思う。

そうすることで、日本社会全体の教える技術が向上し、日本の文化が多くの人に伝わることになるだろう。教えるということは、社会に文化を伝え、それを向上させるためにもっとも大事なことだ。ぜひ、その一翼を多くの人に担っていただきたい。

最後になったが、本書を執筆するに当たって、筑摩書房編集部の羽田雅美さんに大変お世話になった。私のわがままな要求に辛抱強く付き合ってくださった。この場を借りて、お礼を申し上げる。

樋口裕一

文庫版あとがき

本書の執筆から4年ほどになる。現在も、「教える技術」についての私の考えに基本的に変わりはない。だから、これに付け加えることはほとんどない。

しかし、ただ一つだけ、もう少し強調しておけばよかったと思うことがある。あとがきに代えて、それについて少し触れておきたい。

強調しておきたかったのは、発信の重要性だ。

生徒が学ぶということは基本的に受信を意味する。教師が発信し、生徒がそれを受信する。それゆえ、本書では、教師がどのように発信をすれば、生徒が受信しやすくなるのかという点を中心に書いた。

だが、生徒もまた発信をすることが大事だ。それはいくら強調しても足りないくらいだ。

受信をするだけでは、生徒は飽きてしまう。それに、受信した内容を定着させるためにも発信する必要がある。発信してこそ、内容をしっかりと理解できる。それが自分のものになる。しかも、外に向けて発信することによって、社会に参画し、いっそう自分のしていることに意義を感じる。

具体的には、たとえば英語を教えるのであれば、生徒が英語で話したり書いたりする機会を増やすことだ。しかも、教室内だけでなく、部外者に向かって発信をさせるのが望ましい。街に出て外国人と話させたり、ネットで交流させたり、英語で掲示板に投稿させたりする。

英語以外であっても、何らかのコンクールをめざして努力をさせたり、意見をどこかに発表させたりする。あるいは、教えるという行為も発信のひとつなので、学んだ内容をほかの人に教えさせることも、一つの方法になる。昔から言われる通り、他人に教えることによって自分の理解も深まるものだ。

人は発信することによって、ある意味で後戻りができなくなる。何かの意見を外に向けて発信したら、それは本当に自分の意見ということになる。「内輪の内緒話でした」では済まない。しかも、発信すると、何らかの反応が返ってくる。外部の人と交流ができる。ますます後戻りできなくなる。しかも、発信することによって自分を客観的に見ることができる。自分の意見にどのくらいの説得力があるか、どのくらい人を動かすことができるかがわかる。そこに楽しさを覚えたら、いっそう発信に熱がこもるだろう。当初、おそるおそる発信していたとしても、それを続けるうちに堂に入ってくる。もし、発信をしなかったら、いつまでたっても、そのような自信は得られなかっただろう。

もちろん、発信するには、それなりのリスクはある。恥をかくかもしれない。ネットで中傷されるかもしれない。しかし、発信にはリスクは付きものだ。ある程度の責任を負って発信してこそ、それは自分の身につく。そして、それが学習という受信に一つの区切りをつけるためにも役立つだろう。

このような理由で、生徒が受信した内容をしっかりと定着させたいときには、何らかの発信の機会を設けることを考えるべきなのだ。発信の機会を与えることを大いに勧めたい。

以上述べたような意味で、本書は私にとって、私自身の「指導法」を発信する場でもあった。本書が社会のなかで何らかの役に立ち、これをもとにして多くの先生方が自分なりの方法を確立してくだされば、恥を忍んで私的な事柄まで披露した甲斐があったというものだ。

なお、私の願いを聞き入れて、ご多忙な中、本書に解説を寄せてくださった和田秀樹氏に心より感謝申し上げる。そして、最後になったが、4年前に本書が初めて刊行されたときにも、そして今回の文庫化に際してもお世話いただいた筑摩書房編集部の羽田雅美さんに、この場を借りて御礼申し上げる。

解説　ほとんどの人に役立つ教える技術書

和田秀樹

本書は、小論文の神様、樋口裕一氏による本格的かつ、実用的な「教える技術」のテキストブックである。

樋口氏の小論文指導は、その型の作り方から、ネタ探しに至るまで、一つ一つが親切で、具体的なことで知られる。どの科目についても言えることだが、できる人間は往々にして、できない人間がどうしてできないのかわからないものだ。

読解力のある人間は、ない人間が、どうして内容がつかめないのかがわからない。文章がうまい人間は、下手な人間が、どうしてこんなに説得力がない、人に理解できないような文章を書くのかがわからない。数学ができる人間は、できない人間が、なぜ考えることができないのかわからない。スポーツのできる人間は、できない人間が、どうしてこんな簡単なこともできないのかと思ってしまう。

今は多少は改善されているのかもしれないが、私は体育ができないために、周囲の生徒にも教師にもはやしたてられた記憶は今も生々しく残るが、教師にどうすれば、逆上がりができるようになるのかなどを具体的に指導を受けた記憶がない。

体育教師と同じく、日本の教師というのは、その科目ができる人であっても、その科目ができるように教える人ではないということが通例のように思えてならない。

話は脱線したが、それに比べて、樋口氏は一貫して、できない子をできるようにするのが教師の仕事と考えているし、理念論でなく具体的な方法論を示している。

多くの教師（とくに数学などの教師）がやるような「できるまで考えろ」と突き放すのではなく、具体的な導きがある。

そういう点で、以前から教師、教育者の鑑として、注目していたのだが、その樋口氏が本格的な「教える技術」の教本を書くというのであるから、注目しないわけにはいかない。

第一章の初めから、「教えるのに失敗する最大の理由、それは生徒（学ぶ側）の能力を読み違えることだ」と、学ぶ側に過大な期待をすることへの戒めがある。

実は、私と緑鐵受験指導ゼミナールのスタッフと一体になって、学校コンサルテーション業務を始めて、これを痛感している。

要するに、生徒の学力を考えないで、授業をしたり、学力に合わない課題や宿題を出したり、それどころか、本来、授業についていけない生徒の学力を上げるために行われている課外授業でも同じようなことをやり、かえってわからないことを多くしていることがいかに珍しくないかを身をもって知ることになったのだ。

われわれのスタッフは、教師は邪魔にしかなっていないと言いきっていた。最近は、予備校講師がわかりやすい話し言葉で書いた参考書はいくらでもある。くだらない課外授業で生徒を拘束するより、この手のわかりやすい参考書をやらせたり、基礎に立ち戻らせることにその時間をあてたほうが生徒の学力は向上する。

実際、教師の意識改革に成功し、当方で指定した宿題やカリキュラムを実践した科目では、目に見えてクラスの学力が上がるのに、自己満足的な授業と宿題をやめない教師が足を引っ張る。

学校の経営陣が納得して、われわれのコンサルテーションを受け入れる学校でさえこんな有様だから、今でも多くの教師は、できる側の立場に立って（けっして悪気があると言っているわけでないのは、樋口氏の説明を読んでいただければわかることだが）、自己満足的な授業をしていることは、想像に難くない。樋口氏自身も若いころに、自らがそういう経験をしたことを告白もしている。

ただ、私は、冒頭から、樋口氏がこの戒めを提示し「最大の理由」とまで明言しているところに、樋口氏の真摯さと、本書の実用性を感じざるを得なかった。

その後も、「たくさんのことを教えれば教えるほど、身につくことは少なくなる」

という、これもまた意外に気がつかれていないが、受験業界の人間にとっては鉄則のようなことが書かれている。樋口氏の取り上げる理解の問題だけでなく、最近の脳科学の考え方では、上書きをされるほど引き出しにくくなるという点でも肝に銘じておきたいものだ。

「学ぶ側に予習・復習は期待しない」というのは、私にも耳の痛い話である。生徒に最適な宿題を課すことで、志望校対策を行い、学力を上げるという通信教育をやっているという事情もあるが、大学では私も臨床心理学の教員をやっているので、これもよくわかる。

少なくとも授業の際には、予習しなくてもわかるように心がけ、復習しなくても頭に残るようにわかりやすさ（理解したものは覚えやすいというのも記憶の心理学のセオリーである）と要点のまとめを心がける。予習と復習を期待すると、教師に甘えができるのは、やはり否めない事実だろう。

ここまで読み進めたうえで、樋口氏が大切だと思ったことについての復習テストまで用意してある。本書の構成そのものが「教える技術」を体現しているのだ。

もう一つの、本書の特色は、その柔軟さと臨機応変さだろう。

自分がベテランの場合、初心の教師の場合、などの実例や対応法も実に的確だし、生徒のタイプをみきわめて、それに応じた説明の仕方をするという考え方は、きわめて実用的である。要するにかゆいところに手が届く構成になっているのだが、これはやはり教える立場の人間にもっとも心してほしいものである。

教師というのは、えてして、生徒はすべて同じと思ってしまう。しかし、たとえば、受験生を指導する場合であれば、志望校は一人一人違うし、これまでの勉強の蓄積や知識や理解力も違う。講義の達人と言われるような人ですら、すべての生徒にわかりやすく、面白い授業をするというのは、相当困難な作業なのだ。人によって、理解も興味も違うという当たり前のことに気づかないと、実は授業というのは、意外に思うようにいかない。もちろん、全員に納得してもらうのを諦めざるを得ない場合もあるが、その場合でも、どの割合までは満足させられるかとか、納得しないのは、どのタイプの人間なのかをつかんでおくと、トラブルははるかに少なくなる。

教育産業でも、最近は、集団塾より、小人数制や個別指導が人気なのは、そこに不満な生徒が多いということだろう。

樋口氏は、このあたりのことも第2部でさらに、集団をコントロールするテクニックとして具体的な形で明記しているし、相手のターゲットレベルを決めることの肝要さにも触れている。小人数を相手の授業をうまくやって、はじめて多数の人を教えるようにもっていけるという構成だが、日本の学校教師の場合、最初から大人数を対象とさせられるから、それが難しいことをまず理解する必要があるだろう。

いずれにせよ、私自身、大学の教員をやっていて痛感することだが、日本では教える技術のトレーニングが少なすぎる。とくに私が学生時代に学び、一時期は文部教官をやっていた大学医学部などは、教授（本来は教える人という意味だ）職が、研究能力（研究指導能力ではない）で選ばれていた。そのため、臨床能力がないことがさんざん問題になったのだが、アメリカに留学して、それ以上に問題なのは、教える能力の欠如だとわかった。とにかく、アメリカの医学教育はすばらしかった。メディカル・スクール、医学教育というのは、一定のスキルをもった医者を育てることなのだという考えが徹底していて、教員の教える能力が常に問われる。日本のように先輩の腕を盗め方式で、なぜこんなにトラブルが起きないで済むのか不思議に思ったくらいだ。

もちろん、教員向けの教える技術書はいくつもでているようだが、本当の意味で現場がわかっている、有能な人の手による教える技術書は、これまで感心できるものはなかった。本書は、すべてというわけではないかもしれないが、どこかの部分が、ほとんどの「教える」立場の人間に役立つと私は信じている。

もちろん、私も役立った一人である。

（わだ・ひでき　精神科医）

ちくま文庫

「教《おし》える技術《ぎじゅつ》」の鍛《きた》え方《かた》
——人《ひと》も自分《じぶん》も成長《せいちょう》できる

二〇一三年五月十日　第一刷発行

著　者　樋口裕一（ひぐち・ゆういち）
発行者　熊沢敏之
発行所　株式会社　筑摩書房
東京都台東区蔵前二—五—三　〒一一一—八七五五
振替〇〇一六〇—八—四一二三
装幀者　安野光雅
印刷所　明和印刷株式会社
製本所　株式会社積信堂

乱丁・落丁本の場合は、左記宛にご送付下さい。
送料小社負担でお取り替えいたします。
ご注文・お問い合わせも左記へお願いします。
筑摩書房サービスセンター
埼玉県さいたま市北区櫛引町二—六〇四　〒三三一—八五〇七
電話番号　〇四八—六五一—〇〇五三

ISBN978-4-480-43053-3 C0195